APPRÉCIATION

DE

L'HISTOIRE DE DIX ANS

DE L'IMPRIMERIE DE CRAPELET

9, RUE DE VAUGIRARD

APPRÉCIATION

HISTORIQUE, LITTÉRAIRE ET POLITIQUE

DE

L'HISTOIRE DE DIX ANS

DE M. LOUIS BLANC

PAR

M. G. CHAUDEY

PARIS

LIBRAIRIE D'AMYOT, ÉDITEUR

6, RUE DE LA PAIX

1845

Simul veritas pluribus modis infracta : primum inscitia reipublicæ, ut alienæ ; mox libidine assentandi, aut rursus odio adversus dominantes : ita neutris cura posteritatis, inter infensos vel obnoxios.

TACITE, Préface des Histoires.

Et comme dans toutes les affaires il y a ce qui les prépare, ce qui détermine à les entreprendre, et ce qui les fait réussir ; la vraie science de l'histoire est de remarquer dans chaque temps ces secrètes dispositions qui ont préparé les grands changements, et les conjonctures importantes qui les ont fait arriver.

BOSSUET, Discours sur l'Histoire universelle, 3e part.

APPRÉCIATION

HISTORIQUE, LITTÉRAIRE ET POLITIQUE

DE

L'HISTOIRE DE DIX ANS,

DE M. LOUIS BLANC.

———

Nous venons, après beaucoup d'autres, entre-
tenir le public d'un livre, dont chaque volume a
obtenu du monde politique et littéraire une flat-
teuse attention. C'est par ses défauts plus que par
ses qualités que l'*Histoire de dix ans,* de M. Louis
Blanc, nous paraît, à nous, digne d'autant de
curiosité. Rien qu'au point de vue littéraire, ce serait pour nous une critique sérieuse, que celle d'un
ouvrage où il s'est gaspillé tant de talent à gâter un
genre si élevé, et à continuer de si loin cette leste
façon de traiter l'histoire introduite avec tant de
succès par M. Thiers ; et sous le rapport politique,
il ne nous semble pas moins important que cet ouvrage, où la qualité historique sert surtout à donner consistance aux polémiques du parti radical,

trouve dans le parti conservateur un sincère examen, et aussi la contestation réfléchie de ses idées
dominantes.

Nous allons donc, puisqu'il s'agit d'un de ces
rares livres dont la nature soit d'intéresser à un
égal degré l'art et la politique, rechercher plus à
fond que ne le pourrait permettre une critique de
journal : quelle est la valeur historique du témoignage de M. Louis Blanc; quelle est la valeur littéraire de sa narration; quelle est la valeur politique ou sociale de ses principales doctrines.
Peut-être mettrons-nous parfois une certaine vivacité à nous élever contre le triomphe pernicieux
de l'emphase; mais il n'est pas de considération qui puisse nous être une gêne, dans l'appréciation d'un auteur que sa grande jeunesse, son
esprit encore peu calme et ses théories encore peu
profondes, n'ont pu rendre réservé dans les plus
hauts jugements.

I.

Emparons-nous d'abord et une fois pour toutes
de cette observation : que l'idée première, déter-
minante de l'*Histoire de dix ans,* par M. Louis
Blanc, c'est l'*Histoire de la Révolution française,*
par M. Thiers. Tout le monde a pu faire ce rapprochement à l'apparition du livre, tant les préoccupations de l'auteur se laissaient voir.

On aperçoit facilement le rapport qu'il y a entre
cette observation et la valeur historique du témoignage de M. Louis Blanc : c'est que M. Louis
Blanc n'a pas pris la résolution d'écrire une 1
toire si récente, parce qu'il avait qualit

cela; parce qu'il devait à la postérité de se faire
narrateur d'événements dont il avait été l'un des
principaux acteurs; parce que, comme Tacite ou
Saint-Simon, il pouvait prendre, dans ses souvenirs de spectateur important ou de grand personnage, cette connaissance intime des affaires et de
leurs origines, cette passion révélatrice d'idées ou
d'intérêts considérables dans le Gouvernement,
et cette naturelle vivacité des impressions person-
nelles, qui, jusque dans la fausse exposition d'un
fait, donnent si bien à deviner les hommes et les
choses; parce que, comme Thucydide, il avait vu
le commencement et la fin de ce qu'il voulait raconter, qu'il en avait ainsi pu saisir l'ensemble,
et qu'en outre il avait, dans ses prévisions d'historien, consacré près de trente années et toute sa
fortune à rassembler des matériaux, dont la prodigieuse diversité garantît son désir ardent de la
certitude; parce que du moins, venant peu après
les événements, il avait pu, comme Salluste se
préparant dans sa questure de Numidie à sa relation de la guerre de Jugurtha, ou comme M. Thiers
lui-même, recueillant tout ce qu'il y avait autour
de lui de souvenirs encore vivants, d'une époque

entièrement séparée de la sienne, profiter d'une
position toute spéciale ou des plus heureuses circonstances, pour puiser aux meilleures sources
l'exactitude des renseignements; parce qu'enfin,
à défaut de tous ces titres, il pouvait, n'écrivant
que pour la postérité et prouvant, par cela même,
une intention dégagée de préoccupations contemporaines, prétendre à laisser seulement, sur ce
qu'un discret et patient examen lui aurait appris
d'une politique pratiquée devant sa jeunesse, · les
sévères appréciations d'un honnête homme et le
jugement d'un esprit élevé; non, tels n'ont pas
dû être, tels n'ont pas été les motifs de M. Louis
Blanc, il faut le lui dire nettement. S'il a formé le
projet d'écrire si lestement l'histoire de son
temps, ses motifs étaient : qu'il voyait dans son
dessein, comme M. Thiers, l'occasion belle à traiter tant et de si grosses questions, pour étaler de
ces vastes connaissances qui laissent percer un
futur chef de parti; qu'il y voyait encore, comme
M. Thiers, une grande facilité à lier des rapports
avec quantité d'hommes politiques, enchantés de
pouvoir ainsi livrer aux âges futurs quelque beau
trait ou quelque bon mot trop peu connu; qu'il

aurait, comme M. Thiers, à fonder sur ces importantes révélations l'importance du confident; qu'il
pourrait, comme M. Thiers pour le parti libéral,
faire de son livre une sorte de piédestal pour le
parti républicain, et de cette façon attirer à lui,
avec tous les secrets de son passé, les secrets plus
précieux de son avenir; qu'il était sûr, comme
M. Thiers auprès des meneurs libéraux, d'avoir
auprès des boudeurs de la royauté, tels que
MM. Laffitte, Dupont ou Arago, matière à mille
anecdotes, à mille malices plus ou moins piquantes qui feraient pièce à cette royauté, et ne
manqueraient pas de lui valoir, à lui, les prompts
succès du dénigrement; et qu'ainsi, comme
M. Thiers et plus vite encore, il se verrait tout
jeune en possession de cette renommée, qui doit
être si douce, quand elle est si rapide et si commode. Reste à savoir si, pour ressembler à
M. Thiers par les moins bons côtés, il lui ressem-
blera par les meilleurs, et dès à présent je dirai
que non.

Il faut bien distinguer entre le narrateur des
choses de son temps, et l'écrivain qui fait œuvre
d'histoire sur les témoignages des temps anciens.

M. Louis Blanc pouvait se croire assez de talent pour entreprendre, en y mettant la patience, une histoire de cette dernière sorte, je le reconnais; mais il n'avait pas ce que ne donne pas le talent; il n'avait ni qualité, ni autorité, ni ce titre d'une investigation complète et sûre, pour écrire l'histoire de son temps.

Ainsi, sous le rapport du témoignage, le livre de M. Louis Blanc ne vaudrait ni comme mémoire, puisqu'il n'a jamais à parler pour son compte, ni comme histoire, à raison de ce qu'il a si vite employé des matériaux si vite ramassés et si peu choisis. Ce ne serait guère qu'un sommaire prétentieux de cette chronique quotidienne, chargée de tant de passions et de commentaires, que lui a fournie le journalisme, et particulièrement le journalisme républicain; et encore, par la profusion de certaines dissertations et de certaines expositions de doctrines, comme par la prolixité de la partie narrative, serait-ce un singulier sommaire.

Voyez en effet à quoi se réduisent ses révélations, quand elles ne viennent pas tout simplement des journaux et du *Moniteur* lui-même! En

ce qui regarde le parti du Gouvernement, à rien
en vérité; à des propos, à des *on dit* de source
toujours suspecte, à des retours sur le passé de
quelques mécontents qui se sont trouvés de beaucoup au-dessous de leurs rôles, à des documents
vulgaires, ou trop officiels ou insignifiants; en ce
qui regarde le parti républicain, à des renseignements plus abondants, il est vrai, sans doute aussi
plus exacts, mais si compliqués de misérables détails, d'obscurs noms propres, d'affaires minimes,
et d'ailleurs si complaisamment utilisés, que le
curieux s'y noie dans le fastidieux; en ce qui regarde la politique extérieure, aux futiles indiscré-
tions d'une diplomatie subalterne et étrangère,
tout heureuse d'aider un Français à ravaler son
propre Gouvernement; ou bien à ces douteuses
explications de proscrits, ne connaissant guère
des gouvernements que leurs rigueurs et toujours
en humeur de déblatérer; enfin et sur tout sujet,
à la partialité manifeste, et du reste avouée dans
une préface très-solennelle, de ses sentiments et
de ses opinions; partialité qui n'aurait rien perdu,
Tacite et Saint-Simon le prouvent bien, à une
connaissance plus approfondie des choses; et de

tout ce qui fait la valeur de son témoignage, c'est encore à cette partialité que je tiens le plus.

Dans cette masse d'affaires et d'événements considérables, auxquels, par une des fautes les plus graves en histoire, M. Louis Blanc a cru devoir adjoindre tant de futiles incidents et de mesquins détails, pour se prononcer sur tout d'une façon également tranchante, je pourrais choisir un ou deux faits importants, les discuter historiquement avec lui, et, à défaut d'autorité suffisante en moi pour rétablir toute la vérité, à défaut aussi, je l'avoue, de renseignements ou de documents puisés à la bonne source, fermée pour moi comme pour lui, je pourrais du moins contester assez son autorité, à lui, ses renseignements et ses documents, pour les réduire à leurs points douteux, et montrer combien ils éclaircissent peu les véritables origines des questions et des événements. Je pourrais encore, même en acceptant les faits, contester les explications qu'il en donne, et opposer, à des assertions prises uniquement dans une certaine manière de juger l'ensemble de la politique depuis 1830, d'autres assertions prises dans une autre

manière de juger l'ensemble de cette même politique. Mais, on le voit, ce serait renouveler une
dispute usée, ennuyeuse, sans le moindre effet
possible aujourd'hui, tant les journaux de toutes
nuances en ont déjà rempli leurs éternelles polémiques, sans avoir pu jamais tirer les républicains non plus que les dynastiques de l'histoire
qu'ils s'étaient arrangée de longue main pour
leur usage respectif. Et d'autre part, serait-il
vraiment besoin de subir cette discussion du
récit de M. Louis Blanc, pour admettre qu'il suppose si peu la connaissance intime des événements et surtout de leur ensemble, et ne suffit-
il pas de la simple réflexion pour se convaincre
avec moi : qu'à défaut d'un personnage élevé
qu'eût joué l'historien, d'une part considérable
qu'il eût prise au gouvernement, ou d'une position quelconque qui eût attiré à lui les secrets
de l'État; qu'à défaut enfin de tous les titres
pouvant donner de l'autorité à sa déposition et à
sa passion même l'importance d'une confession
historique, l'*Histoire de dix ans* ne saurait plus
se recommander que de cette position de l'historien en dehors de tout ce qui est le gouverne-

ment ou le monde officiel, de ses prédilections
avouées pour le parti républicain, et de ce que
sa partialité peut ainsi nous laisser voir des illu-
sions de ce parti sur lui-même et de ses griefs
contre le gouvernement de Juillet? On concevra
donc que nous cherchions de préférence la vérité
dans cette partialité même, et le moyen de rec-
tifier le récit dans ce qui doit surtout le fausser;
et, puisque c'est dans ce double instinct, qui
exalte d'un côté autant qu'il déprime de l'autre,
qu'est toute l'intention de l'ouvrage, n'est-ce pas
à l'accepter tel quel qu'il sera bon de savoir encore
trouver notre profit?

Essayons d'abord de le surprendre dans ce
qu'il a de très-peu favorable au gouvernement
et à ses hommes. — Les exemples abondent, et
je n'ai que l'embarras du choix. Je n'en prendrai
qu'un seul, un peu long pour qu'il soit plus signi-
ficatif. C'est le roi Louis-Philippe lui-même que
veut rapetisser l'historien dans une circonstance
assez grave, comme on va voir; et l'on jugera
si, par l'effort même qui se fait pour cette dépré-
ciation, il ne devient pas plus facile à chacun de
se figurer ce qu'a dû être le roi dans la circon-

stance, pour qu'on sentît sa grandeur jusque sous les insinuations d'un ennemi. L'exemple est du tome III, au chap. 7, qui raconte l'insurrection des 5 et 6 juin. L'opposition réunie chez M. Laffitte, le 6 juin, dans le feu de l'événement, vient de décider qu'elle enverrait trois commissaires au roi *pour lui montrer dans la politique suivie depuis* 1830 *la source de tous les désordres*. En conséquence, MM. Laffitte, Odilon Barrot et Arago ont à se rendre chez le roi, et M. Louis Blanc nous révèle, avec un détail peut-être superflu dans une telle occasion, que ces messieurs firent leur entrée dans la cour des Tuileries, *en calèche découverte, vers les trois heures.*

Voilà donc ces messieurs devant le roi. Ce n'est pas ici que je veux chicaner littérairement l'auteur pour avoir cru dignes de l'histoire, au point d'en retarder ce moment solennel, la bouffonnerie d'un inconnu, qui avait arrêté la calèche de ces messieurs pour leur dire que, M. Guizot sortant de chez le roi, leurs jours étaient en danger, et l'avertissement, sinon plaisant, au moins peu sérieux de M. Laffitte à ses collègues sur le seuil du cabinet royal. — Laissons donc

tout de suite l'historien conter lui-même l'inté-
ressante entrevue :

« Admis auprès du roi, les députés lui expo-
sèrent que la victoire qu'il allait remporter était
légale et ne devait pas être cruelle ; que le moment était favorable pour réparer les fautes com-
mises, pour calmer l'irritation devenue générale,
et qu'il y aurait sagesse à donner le triomphe des
lois pour point de départ à un changement de
système, reconnu nécessaire ; que la popularité
du roi ébranlée, les haines politiques portées à
un degré de violence inouï, la guerre civile dans
l'Ouest, la guerre civile dans Paris, montraient
assez combien était condamnable le système du
13 mars ; que de ce système étaient découlés,
comme autant de conséquences inévitables, les
malheurs de Grenoble, le désarmement non mo-
tivé de la garde nationale dans plusieurs villes,
des mesures de rigueur sans exemple, l'obliga-
tion de livrer quatre départements aux rigueurs
de l'état de siége ; qu'au tort de cette politique,
furibonde à l'intérieur, se joignait celui d'une
politique dénuée, au dehors, de franchise, d'énergie et de dignité.

« La réponse du roi fut telle qu'on devait la prévoir. Si le sang coulait, la faute en était aux factieux, qui seraient châtiés, mais sans que le cours régulier de la justice fût interrompu. Si le roi de France n'avait pas la popularité du duc d'Orléans, il ne fallait pas s'en étonner après tant de calomnies et d'outrages, fruit des haines de l'esprit de parti. Les rigueurs déployées étaient un moyen de gouvernement que rendaient indispensable des attaques sans cesse renaissantes. Le compte rendu, après tout, n'était qu'un exposé de griefs imaginaires, qu'un tissu d'accusations injustes, comme celle où l'on reprochait au roi d'être insatiable de richesses. Quant à la politique extérieure, elle avait été ce que permettaient nos intérêts et nos ressources : le langage de M. de Sainte-Aulaire, blâmable peut-être en apparence, se justifiait par le résultat; l'affaire de la Belgique était finie, et si l'on ne pouvait voir aussi clair dans celle d'Italie, cela tenait à la difficulté de rendre un pape raisonnable.

« Des incidents curieux marquèrent cette entrevue. Dès les premiers mots, un bruit sinistre s'étant fait entendre : « C'est le canon, dit le roi,

qu'on a fait avancer pour forcer, sans perdre
trop de monde, le cloître Saint-Méry. » En prenant
la parole, M. Arago s'était nettement expliqué
sur sa résolution de n'accepter du gouvernement
aucun emploi. M. Odilon Barrot ayant commencé une déclaration à peu près semblable, le
roi l'interrompit et lui dit en lui frappant le
genou d'un geste amical : « M. Barrot, je n'accepte
pas votre renonciation. » Comme on reprochait
à sa politique des ménagements singuliers à
l'égard des légitimistes : « Je me suis toujours
rappelé, répondit-il, le mot de Kersaint ; Charles Ier eut la tête tranchée, et l'Angleterre vit
son fils remonter sur le trône ; Jacques II ne
fut que banni et sa race s'est éteinte sur le con-
tinent. » Mais ce qui domina dans le langage du
roi, ce fut la crainte qu'on n'attribuât à Casimir Périer l'honneur du système suivi jusqu'a-
lors. Cet honneur, il le revendiqua pour lui
tout entier, avec insistance, à plusieurs reprises,
et dans l'intention manifeste de faire passer son
ancien ministre pour l'instrument docile d'un
esprit supérieur. Il appuya beaucoup aussi sur
l'inébranlable constance de sa volonté, volonté

2

qui n'avait fléchi qu'une fois, lorsqu'il s'était agi d'abandonner les fleurs de lys, propriété de la branche cadette aussi bien que de la branche aînée. Enfin, parmi les paroles échappées à une improvisation abondante, les députés remarquèrent celles-ci, un peu hasardées dans la bouche d'un roi diplomate : « Chez toutes les nations de l'Europe, l'élément des révolutions existe, et toutes n'ont pas l'étoffe d'un duc d'Orléans pour les terminer. »

« A l'issue de cet entretien, voici en quels termes Louis-Philippe s'exprima, sur les trois commissaires, devant quelques-uns de ses familiers qui l'attendaient dans une pièce voisine : « M. Odilon Barrot a été sentencieux et doux, M. Laffitte solennel, M. Arago extrêmement vif. »

Hé bien, lecteur, que vous en semble ? Lequel, selon vous, a eu les honneurs de la conversation, de ces illustres interlocuteurs ? Dynastique, vous ne serez pas mécontent de votre roi, j'imagine ; mais, indépendant ou républicain, comment refuserez-vous de reconnaître, sur ce texte, que la circonstance de la fleur de lys,

pour être malicieuse, ne l'est pas assez; que ces
paroles hasardées du roi diplomate ne sont en
définitive pas trop molles; que cette déclaration
de M. Arago, de ne point accepter d'emploi du
gouvernement, avait quelque chose d'au moins
étranger à sa mission, et que celle dans laquelle
s'engageait déjà M. Odilon Barrot, valait le petit
coup d'amitié que lui donna le roi sur le genou
pour l'arrêter? Voilà précisément à quoi sert la
partialité de M. Louis Blanc.

En sens contraire, dans ce qu'elle a de très-
favorable au parti républicain, elle ne sera certes
pas moins utile, et il me sera plus facile encore
de le faire sentir; car ici l'historien est dans une
situation bien autrement embarrassante et dange-
reuse pour son talent. Quand il s'agit de déblatérer contre le gouvernement de Juillet, la chose
est aisée; il n'y a qu'à s'en prendre au roi, à ses
ministres les plus importants, à ses partisans les
plus distingués, ou collectivement à cette égoïste
et lâche bourgeoisie, et l'affaire est faite. Personne, de tout ce monde-là, n'ira certes vous demander raison de ce que votre plume s'est permis. Mais quand il s'agit du parti républicain,

c'est bien autre chose. Non-seulement il ne faut
dire de mal de personne en particulier, mais je
crois même, si j'en juge par l'*Histoire de dix*
ans, et par la prodigieuse quantité de noms
propres qui s'y entassent, qu'il faut dire du bien,
beaucoup de bien de chacun, et que, dans ce
parti-là, on ne vous pardonnerait guère d'omet-
tre un seul nom d'une liste quelconque de membres de sociétés secrètes et d'accusés politiques;
que dis-je? un seul nom de simple témoin ou de
simple spectateur au procès. Voyez plutôt quelle
profusion de procès rapportés dans l'*Histoire de*
dix ans, quelle profusion surtout de noms propres cités à propos de chacun de ces procès, et,
dans toutes les démonstrations républicaines,
que d'acteurs, que d'actions d'éclat! Il faut donc,
à ce qu'il paraît, quand on parle des républicains,
parler nommément de tout le monde et en parler
bien, et c'est seulement quand on parle du parti
en général, pris en masse, qu'on peut se permettre parfois quelques petits reproches, à la condition encore qu'ils soient bien doux et bien atté-
nués. De là ce double danger pour M. Louis
Blanc, auquel il n'a presque jamais échappé :

ou que, dans ce qu'elle avait d'ardent et de sincère, sa partialité l'aveuglât lui-même et le pous-
sât, par l'illusion de ses admirations, à faire de
ces aveux étranges, de ces éloges inconcevables,
qu'avec le moindre calme il eût à jamais renfer-
més dans sa pensée; ou que, dans ce qu'elle
avait de froid et de calculé, elle le réduisit à
l'emphase partout où il serait besoin de chaleur,
ajoutât encore à ce terrible penchant pour l'enflure déjà si fort en lui, lui fît perdre, dans
cette aspiration aux grands effets, jusqu'au sentiment du ridicule, l'entraînât à forcer l'expression jusqu'à mesurer lui-même au lecteur tout ce
qu'il faudrait en rabattre pour rentrer dans le
vrai, et lui fît de cette façon commettre à la fois
une faute d'intention et une faute de goût. Encore
un coup, c'est ce qui n'a presque jamais manqué
d'arriver, et les exceptions sont fort rares, où,
sur ce sujet, il ait gardé avec un peu de sérénité quelques-uns des avantages de son remarquable esprit.

Dans ce qu'il dit du parti républicain en général, c'est aux pages 351 et 352 du tome II, et
236-37, 454-55 du tome IV, qu'il est le plus mai-

tre de lui, et partant le plus raisonnable ; et encore, dans les éloges, que de mots pompeux, que d'adjectifs forcés, que de traits visant trop au profond ; et dans les reproches, que de restrictions, que d'envie de trouver du bien jusque dans le mal, et, s'il compare à ses amis leurs adversaires, du mal jusque dans le bien ! Que signifie, par exemple (à la page 455, au tome IV), ce parti républicain qui succombe, parce qu'il ne peut se mettre d'accord ni par ses vertus ni par ses vices, tandis que ses ennemis savent si bien lui opposer *l'habile combinaison de leurs vices et l'ensemble de leur corruption?* Pourquoi aussi tant répéter (p. 351, t. II. — 455, t. IV) de ces républicains, qu'ils étaient *brillants, spirituels, d'une bravoure chevaleresque, reproduisant plus fidèlement que l'ancien parti légitimiste lui-même, l'ancien type national?* Pourquoi tant tenir à les rattacher à ce passé de l'aristocratie? Pourquoi tant nous les donner comme des gentilshommes finis? Pourquoi tant leur faire honneur de ces *traditions de légèreté moqueuse et de turbulence intelligente, de ce goût des aventures, de cette impétuosité dans le dévoûment, de cette gaîté dans le péril, de ce be-*

soin d'agir, et de ces vives façons de traiter les choses sérieuses? En vérité, n'est-ce pas en dire un peu trop dans leur intérêt même, et à qui ferez-vous croire d'ailleurs qu'il n'y a plus de français que les républicains? Et si je vous disais, moi, que le meilleur de tout cela se trouve encore plus que chez eux, chez ces gardes nationaux, chez ces vils boutiquiers, qui se battent si bien contre eux, ayant une famille et une boutique, deux bonnes raisons pour les empêcher d'être si gaîment insouciants dans l'émeute, tandis que vos jeunes gens n'ont, eux, pour la plupart, ni famille, ni boutique, ni rien qui les empêche de s'amuser dans une partie de barricades, qu'auriez-vous à répondre?

Mais si je voulais ainsi réfuter M. Louis Blanc dans ce qu'il a de presque sérieux, je deviendrais sérieux moi-même, je m'emporterais, je me fâcherais, et je ne saurais plus prouver, ayant su l'avancer, que sa partialité avait souvent pour effet de lui enlever, à lui, le sentiment du ridicule, et de laisser en retour, aux amis qu'il désire le plus vanter, tout le ridicule dont il perd le sentiment. J'abandonne donc ce qu'il dit des républicains en général, pour examiner comment il les traite en particulier. D'ailleurs ce n'est pas sous le rapport de la bravoure et dans les émeutes que les républicains se montrent le mieux; il n'y a guère là que ceux qui savent se battre. Mais c'est dans les procès qui suivent leurs émeutes ou leurs appels à l'émeute, quand il s'agit, comme M. Louis Blanc dit si bien, *de tenir au sein même du tribunal de véritables assises républicaines,* ou *de goûter cette jouissance légitime et hautaine qu'on trouve à braver une condamnation par une profession de foi pleine d'éclat,* c'est là qu'ils paraissent tous ensemble, aussi bien ceux qui écrivent ou parlent, que ceux qui se battent, et c'est là qu'on peut voir si, dans le parti, on écrit ou parle moins bien qu'on ne se bat. Voilà ce qui nous reste à savoir, et, s'il faut en croire M. Louis Blanc, ses amis ne laisseraient guère plus à désirer sous le rapport du style et de la parole que sous celui de la bravoure chevaleresque. Quand donc ils ont des procès pour affaires de presse, vous pouvez penser si c'est à l'occasion d'articles remarquables, et si les journalistes accusés sont des écrivains de talent. Allez voir, par exemple, au chapitre 2 du tome IV, le

procès qu'eut à soutenir la *Tribune* à la Chambre
des Députés; quel article c'était que l'article in-
criminé; quels hommes c'étaient que les rédac-
teurs; comment ils se défendirent eux-mêmes, ou
plutôt attaquèrent leurs juges; comment, *con-*
vaincus de la sainteté de leur cause et de la supé-
riorité de leurs doctrines, ils furent *pressants,*
hardis, graves dans leur colère, modestes dans leur
audace; par quels discours *agressifs, mordants,*
pleins d'impétuosité, de verve, de couleur, ils jus-
tifièrent un article qui avait précisément toutes
ces qualités. Cela vous ravira, comme plus loin,
dans le même volume, ce que vous apprendrez de
ces articles d'Armand Carrel, *qu'on eût dit burinés*
avec la pointe d'une épée. Voulez-vous voir aussi
ce que savent faire les avocats républicains, quand
les prévenus les laissent parler; comment, par
exemple, M. Dupont défendit le journal *la Gla-*
neuse à Lyon? Allez chercher cela au chapitre 5
du même volume IV, à la page 243. Vous y lirez
textuellement :

« Lyon garde encore le souvenir des plaidoieries
« de M. Dupont. Tout ce que la raison a de plus
« élevé, la logique de plus pressant, l'ironie de

« plus incisif, l'éloquence du cœur de plus pas-
« sionné, M. Dupont le déploya dans cette cause
« célèbre. »

J'espère que voilà traiter un homme en ami, et
que M. Dupont se présentera devant la postérité
avec de bons certificats. A sa place, pourtant, il y
a une chose qui me tracasserait encore ; c'est que,
d'après ce même M. Louis Blanc, tous les avocats
du parti républicain soient à peu près aussi élo-
quents que lui. Le moyen de briller dans un parti
comme celui-là ! Je conçois certes les Dupin, les
Delangle, les Chaix-d'Est-Ange, les Paillet, d'avoir
voulu faire bande à part. Que seraient-ils allés
faire, par exemple, dans un procès comme celui
qui est raconté au chapitre 9 du tome II, avec des
accusés qui, selon l'habitude républicaine, se dé-
fendent d'abord assez bien eux-mêmes pour *rendre les plaidoieries presque superflues*, et des
avocats comme MM. Bethmont, Rouen, Marie,
Rittiez, Boussy, Plocque, Dupont, Michel de
Bourges, qui, bien qu'ils n'eussent à prendre la
parole que par acquit de conscience, parlèrent
encore si bien, que *jamais cause n'avait été plai-
dée avec une éloquence plus mâle et plus altière ?*

Ils n'y seraient allés, à coup sûr, que pour faire
assez triste figure, et, encore une fois, je ne vois
pas trop ce qu'on pourrait reprendre au seul motif, sans doute, qui les a détournés d'être républicains, motif de sage vanité et de prudent égoïsme,
si conforme du reste aux mercantiles instincts
de ces dynastiques auxquels ils se sont ralliés.

Je concevrais donc, je le répète, que M. Dupont
eût encore des inquiétudes sur la supériorité de
son éloquence, à se voir cette supériorité commune avec tant d'avocats et d'accusés autour de
lui, et, par exemple, dans le seul procès que je
viens de citer, avec des accusés comme M. Pé-
cheux d'Herbinville, comme M. Trélat, comme
M. Cavaignac, comme M. Guinard aussi, *un de
ces jeunes gens à la taille élevée, au front noble, qui
montraient réunies en eux les fortes vertus du
républicain et l'élégance du gentilhomme*, cette
qualité de prédilection pour M. Louis Blanc. Et
M. Arago donc, car lui aussi, comme on le pense,
n'a pas manqué de se faire parfois avocat, quel
redoutable rival! Quand il défendit M. Audry de
Puyraveau à la Chambre des Députés, *en évo-
quant le souvenir funèbre du maréchal Ney*, si utile

aux républicains, quelle éloquence de parole, mais surtout quelle éloquence de physionomie ! *Il était frémissant ; toute son âme paraissait dans l'altération de sa figure, si majestueuse, si expressive, et son œil lançait des flammes.* C'est du reste l'avantage de presque tous les républicains d'avoir de ces belles et nobles figures, de ces fiers regards, de ces tailles imposantes qui font tant d'effet, et de plus, parfois, comme M. Gervais (de Caen), *la grâce des manières et ce quelque chose d'exquis que donne l'habitude du monde élégant.* Mais l'homme dont, à la place de M. Dupont, je serais incontestablement le plus jaloux, c'est M. Michel de Bourges. Il me paraît presque certain que M. Louis Blanc lui-même donne encore la préférence à M. Michel de Bourges sur M. Dupont. Ce qui me le ferait croire, c'est un passage du tome IV, au chapitre du fameux *Procès d'Avril.* Voici comment l'historien y parle de M. Michel de Bourges, impliqué avec M. Trélat dans ce fâcheux incident de la déclaration des défenseurs, et s'avançant pour se défendre lui-même sur cette déclaration rédigée par lui :

« M. Michel de Bourges s'avance ; on connaissait

« dejà l'entraînement de sa parole, et tous atten-
« daient au milieu d'un solennel silence. Il com-
« mença d'une voix brève et profonde. A demi
« courbé sur la balustrade qui lui servait d'ap-
« pui, tantôt il la faisait trembler sous la pression
« convulsive de ses mains, tantôt, d'un mouvement
« impétueux, il en parcourait l'étendue, semblable
« à ce Caïus Gracchus dont il fallait qu'un joueur
« de flûte modérât, lorsqu'il parlait, l'éloquence
« trop emportée. »

Je ne sais si le lecteur sera de mon avis, mais
il me semble difficile que la comparaison avec ce
Caïus Gracchus, accompagné de son joueur de
flûte, puisse s'expliquer autrement que par les
préférences de l'historien.

Mais il faut que j'en finisse avec cette éloquence du parti républicain, et si je voulais ainsi
m'arrêter à tous les beaux endroits, je n'en
finirais plus. J'ai avancé que la partialité de
M. Louis Blanc l'entraînait parfois à de singuliers
aveux, à d'inconcevables éloges; c'est là aussi
une assertion qu'il m'importe de justifier, et
pour cela je ne veux encore que citer M. Louis
Blanc. J'aurais certes, si je cherchais sur ce

point encore une conclusion qui atteignît à la
fois l'historien et son parti, de quoi prouver
qu'autant la partialité est parfois compromettante
pour l'esprit, autant elle peut l'être pour l'inté-
grité et la dignité du sentiment moral. Mais il
faudrait que j'abordasse de ces délicates questions de conscience politique, sur lesquelles il
me répugne tant de constater un dissentiment,
qui paraisse l'effet obligé de la différence des
opinions; et je me bornerai à signaler aux gens
curieux d'étudier l'esprit de parti dans toutes ses
conséquences, les chapitres des procès de Fieschi
et d'Alibaud, dans le cinquième volume; et aux
scrupuleux d'entre les républicains, la manière
dont M. Louis Blanc fait appel à leurs sympathies, et prodigue à certaines façons d'agir les
hautes approbations. Je m'en tiendrai donc, pour
établir mon assertion, à ce qu'elle peut fournir
d'instructif sur le parti seulement, et cette fois
je prendrai mon texte à l'endroit où il est parlé
des accusés d'Avril, préparant leur défense en
prison, au chapitre encore du procès d'Avril, au
tome IV, p. 388 :

« Alors, dit-il, on vit ces hommes, sur qui

« pesait la menace d'un arrêt terrible, s'élever
« soudain au-dessus du péril et de leurs passions,
« pour se livrer à l'étude des plus arides problè-
« mes. Le comité de défense parisien avait com-
« mencé par distribuer entre les membres les
« plus capables du parti les principales branches
« de la science de gouverner, assignant à l'un la
« partie philosophique et religieuse, à l'autre la
« partie administrative, à celui-ci l'économie po-
« litique, à celui-là les arts. Ce fut, pour tous,
« le sujet des plus courageuses méditations, des
« recherches les plus passionnées. Mais tous,
« dans cette course intellectuelle, n'étaient pas
« appelés à fournir la même carrière. Des dissi-
« dences théoriques se manifestèrent entre
« MM. Godefroi Cavaignac, Guinard, Armand
« Marrast, d'une part; et, de l'autre, MM. Lan-
« dolphe, Lebon, Vignerte. Des discussions brû-
« lantes s'élevèrent. Par le corps, les captifs ap-
« partenaient au geôlier; mais, d'un vol indomp-
« table et libre, leur esprit parcourait le domaine,
« sans limites, de la pensée. Du fond de leurs
« cachots, ils s'inquiétaient de l'avenir des peu-
« ples, ils s'entretenaient avec Dieu; et, placés

« sur la route de l'échafaud, ils s'exaltaient, ils
« s'enivraient d'espérance, comme s'ils eussent
« marché à la conquête du monde. Spectacle
« touchant et singulier, dont il convient de gar-
« der le souvenir à jamais ! »

Passons sur cet étrange style d'histoire. —
Ainsi donc, voilà qui est entendu : dans le parti
républicain, la première chose, c'est de soulever
des émeutes, c'est de se battre. Le pourquoi ne
vient qu'ensuite. A s'y prendre ainsi, comment
serait-on vainqueur? On sera donc toujours
vaincu, et la conséquence, c'est qu'on se trou-
vera bientôt en prison. Mais c'est alors précisément, c'est en prison qu'on s'occupera de ce
pourquoi, de ces grands intérêts, de ces nobles
principes, pour lesquels on vient de troubler une
cité, de mettre une capitale en émoi; c'est en
prison qu'on aura le temps de se poser les plus
arides problèmes de la science de gouverner ;
c'est en prison qu'il deviendra commode d'assi-
gner à l'un la partie philosophique et religieuse,
à l'autre la partie administrative, à celui-ci l'é-
conomie politique, à celui-là les arts. Ce sera l'affaire d'un ou deux mois au plus, pour se mettre

en état d'en remontrer à ses juges sur toutes ces sciences-là; et les dissidences, s'il en survient, n'en montreront que mieux comment de vrais républicains savent rester libres par la pensée jusqu'au fond des cachots : simplification admirable de la grande politique, qui jusqu'à présent avait exigé qu'on pensât d'abord, qu'on agît ensuite !

Que pourrait-on désirer du livre de M. Louis Blanc qui valût ce simple enseignement ?

Allez donc, jeunes hommes de cœur, auxquels le travail a donné plus tôt qu'aux autres la maturité et la pénétration, et qui ne désirez rien tant que de mettre votre vie tout entière au service de la démocratie; allez donc vous jeter dans un parti qui exalte ainsi les hommes pour les dissensions de leurs vanités, qui éprouve si peu pour lui-même le besoin de l'ordre et de l'union, qui n'a jamais su se trouver ni une direction ni un chef, auquel la grandeur est si peu naturelle qu'il ne saurait en parler sans emphase, qui vous ordonnera de vous battre avant de vous avoir appris pourquoi, et qui vous demandera votre bras avant d'avoir eu toute votre foi !

II.

QUELLE EST LA VALEUR LITTÉRAIRE DE LA NARRATION ?

Autres sont les qualités qui font l'écrivain remarquable, autres celles qui font le grand historien. Il faut sans doute que l'historien soit maître
dans l'art d'écrire, mais il faut qu'il sache bien
autre chose que les secrets de la langue et du
style. A ne considérer même que l'art, les mérites de la narration sont inséparables des titres
sur lesquels se fonde son autorité.

Voilà ce dont M. Louis Blanc ne s'est pas assez
rendu compte. Il a cru que, pour avoir quelques-uns
des titres de l'écrivain, il avait la meilleure part
des titres de l'historien. Il s'est gravement trompé.

Quand je réfléchis, en lisant les grands historiens, à toutes ces facultés éminentes et diverses, à ces rares avantages de position ou à ces travaux prodigieux, qui leur ont valu le glorieux privilége de charmer d'âge en âge toutes les nobles intelligences, et de former tous les caractères d'élite, j'avoue que j'ai peine à concevoir cette réunion d'un si grand esprit et d'un si grand savoir qui paraît en eux, que je la regarde à tout le moins comme terriblement difficile à réaliser, et que j'ai bien envie d'en vouloir à M. Thiers d'avoir, par son étonnant succès, ouvert la porte à tant de prétentions vaniteuses et d'entreprises prématurées. Car enfin, comment imaginer que M. Louis Blanc eût jamais eu l'idée d'écrire avec cette précipitation son *Histoire de dix ans*, si l'*Histoire de la Révolution française*, de M. Thiers, n'avait eu si étrange bonheur ? M. Louis Blanc avait un talent aussi distingué que précoce, un esprit fait pour aller loin, une habileté de style assez grande déjà; comment croire que, sans cette funeste contagion de l'exemple, il n'eût pas senti, par l'effet de cette supériorité même, qu'il se devait de ne se pas pres-

ser, d'étudier patiemment, de réfléchir à l'aise
et de s'en tenir à des essais jusqu'à l'entier développement de ses heureuses facultés ? Combien
ainsi n'eût-il pas un jour mieux mérité de la littérature et de l'histoire ? Combien de questions sur
l'art ne se fût-il pas posées ? Combien de scrupules
et de doutes n'eût-il pas voulu écarter ? Combien
de travaux et de recherches n'eût-il pas menés à
fin, qu'il a cru pouvoir négliger complétement ?

Ainsi donc, et cela n'est pas sans rapport avec
ce que j'ai dit déjà de l'insuffisance de son autorité, je commence cette critique littéraire par
ce reproche général, que, voulant entreprendre
une histoire si difficile, il se soit si peu posé la
question de l'art historique.

Ce n'est pas lui qui peut répondre que sa prétention n'était pas autant de parler à la postérité,
que d'instruire son parti, dans une vue d'immédiate utilité, de ses précédents, de ses titres et
de ses ressources, et de le préparer en quelque
sorte à son avenir par les conseils de son passé.
Cela même, d'ailleurs, me donnerait trop raison
contre lui, puisqu'il avouerait ainsi n'avoir vu
dans l'histoire qu'une continuation de ses polé-

miques de presse; ou bien c'est qu'il reconnaî-
trait que son *Histoire de dix ans* n'est pas de
l'histoire, et je n'ai rien de plus à prouver.

Mais, encore une fois, il n'y a pas à craindre
qu'il réclame ainsi le bénéfice d'une intention qui
ne serait pas la plus ambitieuse. Il se l'est défendu
par la première ligne de son livre, où il déclare
qu'il entend écrire l'histoire de son temps, sachant
parfaitement que la tâche est *délicate* et *périlleuse,*
et c'est dire qu'il entend être jugé comme historien. Je répète donc que, voulant faire de l'histoire et parler à la postérité, il ne s'est pas suffisamment demandé en quoi consiste l'histoire, de
quel ton il faut parler à la postérité, quelles choses
valent de lui être dites, sont susceptibles de lui
être utiles, et quelles choses, au contraire, ne sauraient ni l'intéresser ni lui profiter.

C'est en cela que la critique devient littéraire.
Le reproche général que j'adresse à M. Louis
Blanc devra se justifier par l'appréciation même
que je vais faire, dans son œuvre, des qualités de
l'historien et des qualités de l'écrivain ; et je con-
staterai dès à présent tout ce qu'aura de flatteur
encore pour lui cette manière d'examiner son ou-

vrage, puisque je supposerai partout que, s'il eût
pris la peine de se poser assez la question de l'art
historique, il n'eût pas manqué d'en trouver une
heureuse solution.

Si l'on a toujours fait une si grande différence
entre ce qu'on appelle une histoire et ce qu'on
appelle des mémoires, c'est qu'apparemment l'un
et l'autre genre ont des caractères essentiels et
distinctifs, et qui tiennent à quelque différence
dans les faits à raconter, et par suite dans les conditions de la narration elle-même. Quels sont
donc les caractères essentiels et distinctifs de
l'histoire, les caractères auxquels on reconnaîtra,
bien plus qu'à son titre, qu'un livre est ou n'est
pas de l'histoire? Ils sont tels, heureusement,
qu'il est impossible de s'y tromper, et que la réponse serait la même dans les écoles historiques
les plus diverses; ils peuvent tous, du reste, se
ramener à un seul que voici : Le propre de l'histoire, ce qui la fait histoire et la distingue de tout
autre genre historique, c'est de raconter un ensemble de faits arrêté, limité, formant un tout,
nettement séparé de ce qui précède et de ce qui
suit, et je dirais volontiers fermé; un ensemble de

faits qui, se rattachant tous à une même origine et concourant tous ensemble à un même résultat, se trouvent ainsi tous compris dans une même suite pour aboutir à un même dénouement; de sorte que, dans cet ensemble, rien ne commence qui ne finisse, aucune affaire n'ait son principe qui n'ait sa conséquence, aucune question n'ait son origine qui n'ait sa solution, aucun événement n'ait son début qui n'ait son dénouement. Rien de ce qui a la prétention d'être histoire ne saurait échapper à cette condition, qui est au fond des choses ; car un fait quelconque, si important qu'il soit, général ou particulier, ne peut prendre de sens que lorsqu'il est complet ou fini; et l'histoire universelle elle-même, quand elle a voulu être autre chose que la réunion dans un même livre d'histoires diverses, séparément écrites et pouvant se lire séparément, quand elle a été traitée par un maître comme Bossuet, par exemple, n'a été que l'application la plus difficile de cette difficile règle, dans l'œuvre la plus difficile que puisse entreprendre le génie humain ; car on conçoit s'il fallait être moins qu'un Bossuet, pour sentir un même ensemble et une même suite de faits dans

les temps, dans la religion et à la fois dans les révolutions des empires. Mais, difficile ou non,
c'était là une nécessité du sujet, et il est admis de
tous les maîtres qu'il n'y a de vrais historiens, que
ceux qui ont su connaître et respecter cette condition première de la narration historique.

Bossuet, presque dans les mêmes termes que
Polybe, au commencement du livre III de ses histoires, ou que Cicéron faisant expliquer à Antoine
les principales règles de l'histoire, au livre II du
dialogue de l'*Orateur*, a écrit, dans la troisième
partie de son discours sur l'*Histoire universelle,*
ces lignes admirables :

« Et comme dans toutes les affaires il y a ce
« qui les prépare, ce qui détermine à les entre-
« prendre, et ce qui les fait réussir ; la vraie science
« de l'histoire est de remarquer dans chaque temps
« ces secrètes dispositions qui ont préparé les
« grands changements, et les conjonctures impor-
« tantes qui les ont fait arriver. »

Comment la vraie science de l'histoire serait-
elle de remarquer tout cela, sans qu'il dût y avoir
tout cela dans les faits racontés, et sans que l'art
de l'histoire se déterminât par la nécessité de

rendre tout cela saisissable ? Encore une fois, tout
est là. Tout ce qui satisfait à cette condition est de
l'histoire, tout ce qui n'y satisfait pas n'en est pas.

C'est à raison de cela que ce nom d'histoire dé-
signe à la fois et avec la même justesse tant d'ou-
vrages divers, les uns fort longs, les autres fort
courts ; les uns purement narratifs, les autres plus
que narratifs, mais tous racontant quelque chose
de fini, de complet, de parfaitement distinct,
ayant ses deux bouts, son commencement et sa
fin ; c'est à raison de cela qu'on a pu faire des histoires du peuple grec, des histoires du peuple
romain, une histoire de la guerre du Péloponnèse,
une histoire de la guerre de Jugurtha, une histoire
de la conjuration de Catilina, une histoire des
Gaulois, une histoire de la conquête de l'Angleterre par les Normands, une histoire des ducs de
Bourgogne, une histoire de la révolution anglaise,
une histoire de la révolution française ; c'est à
raison de cela qu'on peut faire maintenant une
histoire du consulat et de l'empire, qu'on pourrait
faire à la rigueur une histoire de la restauration, à
ne pas tenir compte de difficultés venant d'ailleurs ;
mais c'est à raison aussi de cela qu'en général je

ne conçois guère qu'on fasse l'histoire d'une
époque toute récente, et qu'en particulier je
ne conçois pas du tout qu'on fasse une histoire
de dix ans, datant de la révolution de Juillet.

Et remarquez bien que, pour faire objection ainsi
contre les histoires de date récente, je n'ai besoin
d'invoquer que la considération d'art, et que je
vais la prendre jusque dans cette donnée première,
par laquelle se déterminent toutes les conditions
de la narration historique. Certes, cette difficulté
d'écrire l'histoire à courte distance n'est pas chose
nouvelle à constater; cela traîne dans une infi-
nité de ces préfaces ou de ces dissertations, dont
sont escortées presque toutes les publications historiques; il s'en donne même de très-nombreuses
explications, de très-bonnes et de très-mauvaises,
et plus souvent de très-mauvaises, mais toujours,
autant bonnes que mauvaises, sans rapport direct
avec l'art lui-même, avec les conditions mêmes
de la narration historique. Il faut, dit-on, que les
passions soient calmées pour juger les hommes,
il faut que le temps ait fait tomber tout ce qui
n'était que préventions, qu'irritation ou engoue-
ment de contemporains; comment apprécier les

desseins, les volontés de ceux qui mènent les
États, si le temps n'a pas encore assez marché
vers le résultat pour leur donner tort ou raison?
Sans aucun doute, c'est là parler sensément, et
cela explique fort bien comment on s'expose à
trop de partialité pour vouloir raconter trop tôt;
mais cela n'explique pas que la narration, pour
être partiale, ne soit pas possible, et ne satisfait
guère, d'ailleurs, ceux qui s'arrangent assez bien
de la partialité dans une histoire. Une raison
meilleure, c'est qu'il doit être prodigieusement
difficile, pour raconter si vite, de recueillir les témoignages divers et souvent contraires d'acteurs
ou de spectateurs importants, alors qu'ils vivent
presque tous encore, et que tous encore sont sé-
parés par les luttes persistantes d'intérêts anciens, ou par les luttes nouvelles d'intérêts nouveaux, et conséquemment peu disposés à livrer, à
l'appréciation immédiate d'un écrivain, des inten-
tions qui n'ont pas encore porté coup, des motifs
qui n'ont pas encore reçu de l'événement leur
justification, et des manières d'agir dont la révé-
lation, à propos de projets accomplis, serait de
nature à compromettre beaucoup de projets ulté-

rieurs. S'ils disent alors quelque chose, objecte-
t-on, comment le feraient-ils que par un intérêt
de parti et pour un écrivain qui fût du leur? et
c'est encore très-bien parler. Mais, si cela explique, à ne pas permettre réponse, comment la narration manque alors d'autorité, ce n'est qu'en
raffinant déjà qu'on en fait sortir la difficulté ou
l'impossibilité de la narration elle-même, et il ne
faut pas qu'une explication ait trop besoin d'être
expliquée. D'autres enfin, qui se rapprochent déjà
plus des conditions d'art de la narration, oppo-
sent que le danger sera grand, à écrire de choses
qui regardent tant de vivants, de s'abandonner
malgré soi aux frivoles préoccupations du moment, d'avoir le désir d'intéresser le plus possible
de vanités dans son récit, de tomber dans la profusion toujours plate des noms propres et des détails, d'entasser les anecdotes insignifiantes et les
mots sans portée, et de remplir ainsi l'histoire de
futilités à peine dignes du mémoire ou du roman,
au lieu de profiter de ce triage que fait si bien le
temps des hommes et des choses qui méritent
l'attention des âges futurs. Encore une fois, ce
sont les plus artistes qui disent cela; toutes ces

difficultés, tous ces dangers qu'ils signalent, sont
en effet de ceux que doit le plus redouter la narration ; mais encore laissent-ils à penser que toutes
ces difficultés, tous ces dangers se pourront éviter
avec du talent, avec beaucoup de talent, et par
cette cause leurs observations vaudraient seulement pour ces écrivains médiocres, qui précisément n'en écoutent d'aucune sorte ; tandis qu'il
ne reste rien à répondre sur cette objection si
simple, la plus simple et la plus décisive, s'appli-
quant aux habiles comme aux médiocres, ayant
un rapport direct avec le caractère essentiel de
l'histoire, avec la donnée première de l'art, et par
cela même contenant toutes les autres objections :
qu'il n'est pas de narration possible sans un commencement et une fin, et qu'à moins d'avoir à
mettre au dernier bout d'une période d'histoire
un dénouement aussi clair, aussi positif, aussi pal-
pable qu'à l'autre bout le commencement, il ne
faut pas songer à la raconter séparément.

Qu'on réfléchisse maintenant si, à prendre une
période de quelques années qui vienne aboutir
presqu'au présent, il doit souvent arriver qu'elle ait
une fin aussi sûre, aussi bien marquée que son com-

mencement, et que, se détachant du présent aussi
bien que du passé, elle prète à l'unité et à la clarté
d'un récit. On verra que cela doit, au contraire,
arriver très-rarement, et c'est heureux qu'il en
soit ainsi; car comment concevoir autrement
qu'en pleine révolution, par exemple, une période
de *dix ans* qui s'ouvre par une assemblée constituante, et qui finisse par quelque chose d'aussi positif qu'un 18 brumaire? C'est à sentir combien ces
belles occasions sont peu fréquentes, et à les savoir
saisir, qu'on est historien. J'ai donc eu raison de
dire qu'en général l'histoire d'une époque un
peu récente n'est guère concevable. Que si, même
dans le cas de l'objection, l'on tient absolument
à dire son mot sur les affaires de son temps en
dehors des controverses courantes, je ne le sais
possible qu'à une condition, qui est d'avoir été
acteur, pour dire ce qu'on a fait, ou spectateur
important, pour dire ce qu'on a vu ou entendu, et
c'est du mémoire, à moins qu'on ne veuille, en
qualité d'historiographe, faire en style d'annuaire
le procès-verbal des événements, ou s'amuser à
les ranger dans un bel ordre chronologique.

Cela bien entendu, quant à l'objection générale,

il devient facile de voir, quant à l'objection particulière, si M. Louis Blanc, pour entreprendre son
Histoire de dix ans, tenait sa fin aussi bien que
son commencement, et s'il était même sûr de ce
qu'il aurait à mettre au milieu. Pour moi, c'est
plus que douteux, et j'espère que cela deviendra
plus que douteux pour beaucoup de ceux, qui voudront seulement lire avec un peu d'attention cette
seconde page de son deuxième volume, où
M. Louis Blanc établit lui-même l'ensemble et les
divisions de son sujet, et que précède si bien, pour
le dire en passant, cette magnifique accumulation
de la première page, qui s'est offerte à lui, dans
une circonstance de rédaction à peu près semblable,
si semblable à la fameuse accumulation de Tacite :

« Sous le rapport purement politique, lit-on,
« p. 2, t. II, l'histoire des dix dernières années se
« partage en trois grandes périodes :

« Dans la première, qui s'étend depuis l'établissement de la dynastie d'Orléans jusqu'à la chute
du ministère Laffitte, le pouvoir se montre inquiet,
faible, chancelant; il ne vit que de concessions
trompeuses, il ne se développe qu'au moyen de la
ruse. Rapprochées par des intérêts communs, par

de communes espérances, la bourgeoisie et la
royauté se prêtent un mutuel appui : le principe
parlementaire et le principe monarchique s'allient
momentanément. C'est l'époque de fondation.

« La seconde période embrasse le ministère de
M. Casimir Périer, continué par le ministère de
MM. Thiers et Guizot. Le pouvoir, attaqué vio-
lemment, se défend avec violence. Entre la bourgeoisie et la royauté des dangers communs res-
serrent l'alliance déjà conclue : le principe parlementaire et le principe monarchique semblent se
confondre. C'est l'époque de lutte.

« Dans la troisième et dernière période, les vices
du régime se manifestent. Le pouvoir, cessant
d'être menacé d'une manière sérieuse, s'affaisse
sur lui-même d'abord, puis se divise. La bourgeoisie et la royauté commencent à se séparer.
La chambre devient factieuse, et le ministère
corrupteur. La rivalité des deux principes se dé-
ploie avec tous les inconvénients, tous les dangers. C'est l'époque de décadence. »

Je parie maintenant que j'ai des lecteurs de mon
avis, en prétendant que cette conception est bien
molle, et que ce commencement, ce milieu et cette

4

fin se caractérisent par des abstractions un peu
vagues, pour se limiter nettement. Je passerais
encore pourtant sur l'époque de fondation, même
sur l'époque de lutte, mais je ne saurais passer sur
l'époque de décadence. Ceci n'est plus de l'histoire,
et suffit à empêcher tout ce que raconte M. Louis
Blanc d'en être. Comment peut-il y avoir décadence en histoire, sans qu'on sache où elle s'arrête,
sans qu'il y ait eu chute? Je conçois comme dénouement d'une histoire un 18 Brumaire, un départ
pour Sainte-Hélène, un départ pour Holy-Rood;
mais je ne saurais absolument concevoir une chute
en train de se faire, une chute qui se cache encore
dans une décadence, que dis-je? qui se cache dans
une fondation; car, s'il faut en croire la conclusion du quatrième volume de M. Louis Blanc,
la décadence de la troisième période se cache elle-
même dans la fondation du gouvernement personnel. Décidément il y a là de quoi trop intriguer
le lecteur. M. Louis Blanc n'a guère eu de patience;
et, puisqu'il se proposait, selon ce qu'il annonce
à la fin de son cinquième volume, de continuer
jusqu'au bout l'histoire du règne, il aurait bien
pu, au lieu de nous laisser sur ce récit interrompu

d'un règne qui dure encore, il aurait bien pu attendre le départ de la dynastie de Juillet pour on ne sait encore où, mais où pourtant elle doit aller si prochainement, s'il faut encore en croire la dernière page de son quatrième volume, et surtout la conclusion générale de son ouvrage.

Mais, à ce propos, n'aurais-je donc pas quelque texte de M. Louis Blanc lui-même, qui vint rendre ces observations plus décisives, qui pût édifier complétement sur tout ce qu'il a dû trouver d'embarras à établir les limites et les proportions de sa composition? N'ai-je donc pas lu dans son livre quelque aveu de ces embarras qu'il eût fait à son insu, car il fait souvent de ces sortes d'aveux? Eh! oui, c'est cela même, je me souviens.... C'est un certain avis aux souscipteurs sur la couverture du tome troisième. Le voilà! Il vaut certes d'être cité. Je le cite :

« Lorsque, dit l'auteur ou l'éditeur (c'est tout
« un ici), lorsque la publication de l'Histoire de dix
« ans a été commencée, l'auteur croyait pouvoir
« renfermer son travail dans quatre volumes, mais
« ses prévisions ont été trompées par l'abondance
« des renseignements particuliers qui lui ont été
« fournis, et par la masse des détails curieux et

« ignorés qu'il a dus à une enquête laborieuse. Le
« troisième volume ne conduit le lecteur que jus-
« qu'en 1833 : on n'en sera pas surpris, si l'on con-
« sidère combien a été grande, relativement aux
« années qui ont suivi, l'importance historique des
« années 1830, 1831 et 1832. D'ailleurs, il est des
« événements dont il serait impossible de bien faire
« comprendre, sans développement, la significa-
« tion véritable et la philosophie. L'auteur s'est
« donc trouvé naturellement amené à élargir son
« cadre, ce qui rendra un cinquième volume in-
« dispensable. »

Combien j'aurais de réflexions à présenter sur
ce petit morceau, si je ne l'avais cité précisément
pour arriver plus vite à démonstration ! C'est toute
une méthode nouvelle de rédaction historique que
ces quelques lignes, ce que j'appellerais volontiers
la méthode républicaine. Il faudrait une explication
sur chaque mot pour en faire sentir toute la portée.
N'en disons que ce dont il est besoin pour établir
le rapport qu'il y a entre ce procédé de rédaction,
et les procédés d'action des républicains en général. Du même coup, je reviendrai à mon assertion
sur l'Histoire de dix ans. On se rappelle que,

d'après M. Louis Blanc, les républicains se battent
d'abord, et n'étudient qu'ensuite les grands problèmes sociaux en l'honneur desquels ils se sont
battus. Qu'on rapproche maintenant de cette manière de traiter les affaires du parti, cette manière
de traiter son histoire : S'emparer de la dernière
période de dix ans, prendre tout d'abord la plume,
annoncer un certain nombre de volumes, en écrire
un, puis un autre, puis attendre. Provoqués par
la publication de deux volumes, les renseignements particuliers abonderont, comme on pense
bien. Une enquête laborieuse, entre le deuxième
et le troisième volume, procurera une masse de
détails curieux et ignorés dont il faudra tirer parti.
Mais alors, comme on aura commencé sans avoir
pu fixer solidement les extrémités de sa narration,
les proportions en pourront changer, elles s'agran-
diront; alors aussi on sentira mieux de quel développement les événements ont besoin, pour être
compris dans leur signification véritable et dans
leur philosophie. Ce sera le moment d'un grand
travail, de grands embarras, de grands efforts
d'art. Cela se conçoit, il ne s'agira pas de moins
que de mettre dans un nombre étourdiment

annoncé de volumes, et sur de nouvelles proportions, deux fois plus de détails et de philosophie
qu'on n'en avait en annonçant ce nombre. Cela
paraît impossible. Aussi, l'art se prononçant, con-
clura-t-on qu'en effet c'est impossible. Il faudra
donc élargir son cadre. Ceci n'est plus difficile. Au
lieu de quatre volumes annoncés, on en donnera
cinq, et l'ensemble de l'œuvre n'en sera peut-être
que plus imposant.

N'est-il pas vrai que la conformité ne saurait
être plus grande, dans le parti, entre les manières d'agir et les manières de raconter?

Mais faisons la différence des procédés de narration de ceux, qui diffèrent des républicains par
les procédés d'action. Elle sera tout entière en
ce que les mêmes, qui n'agissent pas sans savoir
à quelle fin, ne raconteront pas non plus sans
savoir pour quel dénoûment. Ils ne commence-
ront pas les premiers volumes, sans être à peu
près sûrs de ce qu'il y aura dans tous les autres.
C'est dire qu'ils auront fait leur enquête laborieuse, non pas entre deux volumes, mais avant
même de prendre la plume. Les renseignements
nouveaux qu'on pourra leur prodiguer dans le

courant de l'œuvre leur importeront peu, car ils auront eu soin de ne se mettre à l'œuvre que sur les renseignements décisifs. Que si, par hasard, ils en avaient ignoré de cette dernière sorte, loin d'en étendre leur composition, ils n'en profiteraient que pour mieux savoir et, par suite, pour mieux abréger. D'ailleurs, par raison d'art, ils n'entreprendront qu'un récit dont les limites et les proportions soient si nettement tracées, qu'elles ne se prêteraient pas à une extension considérable de rédaction. S'étant, dès le principe, rendu compte du développement qu'il serait nécessaire de donner aux événements, pour qu'on en sentît bien la signification véritable et la philosophie, les nécessités de la rédaction n'auront eu rien à leur apprendre de cela; ils n'auront pas besoin d'élargir leur cadre, et s'ils ont annoncé quatre volumes au public, ils ne voudront en donner cinq pour rien au monde.

J'espère, pour ne pas exagérer le droit d'avoir raison, que voilà suffisamment justifiée mon assertion, que l'*Histoire de dix ans* n'est pas de l'histoire, dans l'esprit de ceux auxquels il suffit d'avoir reconnu le vice radical d'un livre, pour

faire grâce du reste à la critique. Il est facile
maintenant de satisfaire ceux qui veulent à la fois
la preuve d'ensemble et la preuve de détail, ou
qui se plaisent à suivre dans ses conséquences la
violation du principe essentiel d'un art.

Cela doit aller de soi de faire voir que, n'ayant
pas compris le caractère essentiel de l'histoire,
M. Louis Blanc ne saurait avoir aucune des qualités principales de l'historien. Pour ne prendre,
de ces qualités, que celles sur lesquelles non plus
il n'y a contestation dans aucune école, tant les
grands historiens se sont rencontrés à les prouver nécessaires par le précepte ou l'exemple,
examinons si M. Louis Blanc avait, sinon de
l'impartialité, ce qui est si difficile, pour ne pas
dire impossible, ce calme, cette sérénité d'esprit,
que donne toujours une claire perception des événements, et sans laquelle il ne saurait y avoir ni
rapidité, ni dignité dans le récit; et s'il avait ce
que j'appellerais la mesure historique des hommes
et la mesure historique des choses. Tout le reste
à côté de cela n'est qu'accessoire.

M. Louis Blanc avait-il la sérénité d'esprit? On
dirait qu'il eût pris soin de rendre la réponse fa-

cile, tant il aime à introduire en toutes choses
ses propres sentiments, tant la narration lui sug-
gère de réflexions, tant elle lui arrache d'approbations, d'indignations et d'exclamations de toutes sortes. Il est impossible de se plaire davantage
à juger, à condamner, à justifier, à méditer surtout, à entasser détails de méditation sur détails
de narration, et moins à faire marcher les événements. On pourrait parier hardiment qu'à prendre au hasard une page dans les cinq volumes
de l'*Histoire de dix ans*, on y trouverait au
moins trois méditations jetées à la façon de Tacite
et trois gros points d'exclamation! A désigner
certains chapitres, on pourrait tenir le pari pour
six points d'exclamation par page, pour huit,
pour dix. Il est des pages où nous en avons
compté jusqu'à quinze! Un écrivain qui écrit
ainsi, et qui est toujours si préoccupé d'être profond, évidemment ne se possède point; et des
événements qui donnent tant de transports sont
des événements dont on ne saisit pas l'enchaînement et la suite, ce qui est plus simple et autrement profond que leur sens profond, que leur
philosophie, ces mots de parade du jeune histo-

rien. *Chose bonne à méditer !* s'écrie-t-il à chaque instant. C'est chose bonne à dire qu'il faudrait chercher de préférence. Thucydide, de tous les historiens celui qui médite le plus et fait le plus méditer, ne donne jamais ainsi le coup d'éperon, si ce n'est par l'événement même. Mais passons vite à quelques exemples, c'est toujours ce qu'il y a de plus clair ; et choisissons-les, non de ceux qui porteraient sur tel sentiment, telle sentence, telle indignation, tel enthousiasme de détail, chaque page en pullule ; mais de ceux qui portent sur des sentiments d'ensemble, sur les dispositions d'esprit dominantes chez l'écrivain. C'est aux commencements et aux fins de chapitres, aux commencements et aux fins de volumes qu'il faut voir cela. Il y a des fins de chapitres qui sont admirables de mouvement lyrique. Que n'ai-je la place d'en citer quelques-unes ! mais il faut m'en tenir aux bouts de volumes. Prenons d'abord le premier bout du premier volume. C'est un vrai début de poéme épique. Écoutez :

« C'est par le souvenir d'une catastrophe que s'ouvrira ce récit. Car telle est l'obscurité qui couvre le principe des choses, qu'à leur com-

mencement se mêle toujours pour nous l'idée de
la décadence. Pour entrer dans l'histoire, il nous
faut passer à travers des ruines.

« A ces trois noms : Napoléon, Alexandre,
Charles X, quels noms répondent aujourd'hui ?
Sainte-Hélène, Tangarock, Holy-Rood. Lorsque
Alexandre avait poussé à la chute de Napoléon
pour couronner le frère de Charles X, il n'avait
donc fait que préparer une chute nouvelle : il
était intervenu entre deux grands désastres. Et,
pour cela, il avait fallu remuer le monde ! »

Ce dernier trait est sublime, mais il est de style
poétique et non historique, surtout relevé qu'il
est par la phrase suivante :

« Dans cette succession non interrompue de
« calamités qui se nomme l'histoire, que sont
« tous ces triomphateurs fameux, que sont tous
« ces fiers distributeurs d'empires ? Le peu qu'ils
« pèsent se voit mieux encore à leurs prospérités
« qu'à leurs revers. »

Cette façon grandiose de rappeler le néant des
grandeurs, c'est encore sublime; mais c'est tout
ce qu'il y a de plus poétique et de moins historique. A le prendre sur ce ton, comment saurait-

on se soutenir? Il faut que cet enthousiasme
tombe. Aussi n'ai-je pas été très-étonné de voir
ce même premier volume, finir sur ce tableau du
départ de Charles X, à Cherbourg :

« Quand tout fut prêt pour le départ, le cri
« du commandement retentit de nouveau. C'était
« vers l'Angleterre que les Bourbons allaient vo-
« guer, en repassant peut-être par le sillon qu'a-
« vait jadis creusé dans l'Océan le navire des
« Stuarts vaincus. Le ciel n'annonçait pas la tem-
« pête : le vent soufla dans les voiles, et le vais-
« seau disparut sur la mer ! »

On peut dire qu'il y a de trop dans ce petit
tableau de la fin toute la sérénité dont manque le
début.

Mais l'auteur ne languit pas longtemps, et le
second volume commence par un tableau tout
différent. C'est une accumulation effrayante des
misères dont se remplira la période de dix ans
qui va s'ouvrir. Cela fait frissonner. C'est cette accumulation dont je crois vous avoir déjà parlé.
Elle est trop longue pour que je la cite. Je vous
renvoie purement et simplement à la première
page des histoires de Tacite.

Aussi, ce second volume ne ferme une période abominable, que pour en faire pressentir une plus abominable encore, et l'historien, en le terminant, s'effraie d'avance de tout ce qu'il va raconter de malheurs et de désordres ; et d'avance il rappelle ainsi à son cœur, dont il sent déjà monter l'indignation, quel cœur il est, et par quels efforts il devra se contenir :

« Je raconterai ces malheurs, ces désordres ; et
« j'ai le désir sincère de ne pas mêler une amer-
« tume trop grande à ce récit des souffrances et
« des humiliations de mon pays ; car les devoirs
« de l'historien sont austères, et l'on exige qu'il
« commande le calme à son cœur.

Vain avertissement de l'historien à son cœur ! ce cœur est si fougueux, si emporté, que le troisième volume débordera encore d'indignation et de colère, et que, dans le quatrième, à un certain moment, il faudra que l'historien, n'en pouvant plus, étouffe à deux mains les révoltes de ce cœur. Vous croyez, pour le coup, que j'exagère moi-même. Pas le moins du monde. En disant cela, je tiens mon texte. C'est au chap. V, du tome IV, p. 304. L'auteur vient de raconter

l'insurrection de Lyon et ce qu'il appelle les massacres du faubourg de Vaise, puis l'insurrection
de Paris et ce qu'il appelle les massacres de la rue
Transnonain.

« Ah! s'écrie-t-il alors, je sens que l'indignation
« prend le dessus, et il faut s'arrêter. Temps mal-
« heureux, auquel on ne peut se reporter sans avoir
« à refouler avec effort l'amertume intérieure qui
« déborde, et dont l'historien ne saurait retracer
« gravement le souvenir qu'en étouffant, pour
« ainsi dire, à deux mains toutes les révoltes de
« son cœur! »

On le voit, si M. Louis Blanc ne parvient pas
à la gravité, ce n'est pas de sa faute; il a le sentiment de son devoir; il fait tout ce qu'il peut
pour contenir son cœur; il se met en guerre ou-
verte avec lui. Mais il faut reconnaître qu'un cœur
comme celui-là n'est point fait pour une poitrine
d'historien, et que, si ce n'est la faute de M. Louis
Blanc de n'atteindre pas à la sérénité, c'est sa
faute d'avoir mis son cœur à cette cruelle épreuve
de l'histoire, et surtout de l'*Histoire de dix ans*.

Un mot de sérieux maintenant. Croit-il que, si
ce qu'il dit des atrocités calculées de la répression

était vrai, il ne suffirait pas de l'indignation d'un honnête homme pour les flétrir? Pourquoi dès lors y joindre tant d'indignation de rhéteur? Cela gâte tout.

Qu'il aille donc voir, dans Tacite, s'il n'y a pas moyen de mettre du calme jusque dans le blâme, et de la dignité jusque dans l'indignation; de rendre l'expression énergique et saisissante sans la forcer, et d'être profond sans tant d'efforts et de tourments pour le paraître!

M. Louis Blanc a-t-il la mesure historique des hommes? Cela se verra vite à ce qu'il admire en eux, à ce qu'il y blâme, surtout à ce qu'il croit devoir dire de leurs traits de caractère ou d'esprit, et de leurs personnes. Sous ce rapport, les détails que j'ai donnés dans le premier article de cette critique, bien qu'à l'appui d'assertions prises dans un autre ordre d'idées, suffiraient certes à fournir jugement; mais il ne se pourrait guere que je n'accordasse pas un peu d'attention, à la manière dont M. Louis Blanc se sert des mots historiques, de l'anecdote et du portrait, d'autant que le portrait est ce qu'il y a de plus vanté dans son livre.

Parlons d'abord des mots, et ne donnons qu'un

exemple, mais tâchons de le donner aussi bon que
pourrait le désirer M. Louis Blanc lui-même. Pour
cela, je vais à la table, afin de ne choisir que
parmi ces mots, auxquels leur importance a valu
d'y être l'objet d'une mention particulière. Ce
sont de ces mots révélateurs qui valent des volumes. Voilà bien mon affaire, j'imagine. Je vois à
la table du tome IV, au chap. XI, cette indication :
Le roi défini par M. Thiers. Vite, je cours à l'intéressant chapitre, à l'intéressant endroit, p. 461,
et je lis :

« Avec l'ardeur que Napoléon mettait à cher-
« cher la gloire, les intimes de Louis-Philippe as-
« surent qu'il l'évitait. M. Thiers disait de lui, fort
« spirituellement, qu'*il était la gravure en creux,*
« *et que Napoléon était la gravure en relief.* »

Franchement, je me trouve attrapé ; mais il y
a quelqu'un qui a dû être encore plus attrapé que
moi, s'il a lu cela, c'est M. Thiers. Il a dû même
être plus qu'attrapé ; car s'il est spirituel, infiniment
spirituel même, il est plus et mieux que spirituel ;
il a, lui, comme historien et comme politique,
une bonne mesure des hommes et des choses, et
il sait qu'il n'y a de mots méritant les honneurs

de l'histoire, que ces mots comme Tacite en fait dire parfois à Tibère, comme Tite-Live en rapporte deux ou trois d'Annibal, comme Plutarque, biographe pourtant, en attribue beaucoup aux Alexandre et aux César, qui révèlent tout un caractère, qui laissent percer toute une politique, qui éclaircissent toute une situation, qui dévoilent enfin, dans une puissante volonté, quelque grande passion ou quelque grand dessein.

Pour les anecdotes, procédons comme pour les mots. Je vois à la table du tome III, au chapitre IV, cette indication non moins provoquante que celle du mot de M. Thiers : *Exaspération de Casimir Périer ; ses rapports avec le roi ; scène de fureur.* J'arrive à l'endroit indiqué, p. 191. Mais cette fois, point de citation, ce serait trop long ; l'anecdote n'a pas moins de deux pages ; ou plutôt, pour vous pouvoir citer la fin, je vais vous résumer le commencement, avec le regret de vous priver de bien des beautés de style, dont j'aurais aimé à vous donner le plaisir :

M. Casimir Périer, sur les chicanes qu'on lui fit pour l'affaire d'Ancône, s'agita, se tourmenta tellement, qu'il dut recourir parfois à son méde-

5

cin. Une nuit, il le fit appeler. Le docteur accou-
rut aussitôt. M. Casimir Périer, au lieu d'une consultation médicale, lui demanda une consultation
politique. Le docteur la donna de bonne grâce.
Un officier entra dans le moment, apportant une
lettre du roi. Casimir Périer la lut et se mit en
fureur. Le médecin l'en blâma. Casimir Périer,
pour se justifier, le pria de lire la lettre. Le médecin refusa. Je reprends le texte :

« Alors Casimir Périer parla des chagrins amers
et mystérieux dont sa vie politique était semée.
La Chambre ignore, dit-il, à qui j'ai affaire ! Et
après quelques instants de silence : Que n'ai-je
des épaulettes ! — Ah ! qu'avez-vous besoin
d'épaulettes? s'écria M. Delaberge (le médecin).
A ces mots, Casimir Périer se dresse sur son
séant, la lèvre pâle, l'œil enflammé, repousse
vivement la couverture de son lit, et montrant
ses jambes amaigries, dont ses doigts déchi-
raient la peau : Eh ! ne voyez-vous pas que je
ne suis plus qu'un cadavre ?

« Il était impossible que la politique de Casimir Périer ne se ressentît pas de cet étrange état
d'exaltation. »

J'en demande bien pardon à M. Louis Blanc, mais il ne suffisait pas, pour autoriser l'anecdote, de pouvoir en conclure que Casimir Périer était sujet à des fureurs et que sa politique devait s'en ressentir. Il fallait que l'anecdote fît entendre dans quel sens, et, de l'anecdote, je n'apprends de positif, sur M. Casimir Périer, que ce besoin assez singulier d'épaulettes qui le prend tout à coup, et l'état de maigreur de ses jambes. Historiquement, ce n'est pas assez. Si du moins M. Louis Blanc avait pu nous dire ce qu'il y avait dans cette lettre, qui mit si fort le ministre en colère. C'est la lettre qu'on voudrait surtout connaître. De la lettre précisément, il ne dit rien. Tant pis pour les curieux. Ils n'ont chance d'avoir la lettre que dans l'*Histoire de dix ans,* qui se refera dans une cinquantaine d'années.

J'arrive aux portraits, qui, je n'hésite pas à le reconnaître, l'emportent de beaucoup, chez M. Louis Blanc, sur les mots et les anecdotes. Mais je ne puis admettre pourtant qu'ils satisfassent aux exigences de l'histoire, et vaillent tout le bien qu'on en a dit.

Si je lis dans Thucydide, où il n'y a de portraits

que des hommes les plus considérables, si même
ce sont des portraits, ceux de Thémistocle et de
Périclès; dans Salluste, ceux de César, de Caton,
de Marius, ceux de Sylla et de Catilina, dont Bossuet n'a pas craint de prendre deux ou trois traits
pour son portrait de Cromwell, celui de Sempronia aussi, cette grande coquette de Rome, si agis-
sante dans la conjuration de Catilina par sa co-
quetterie même; si je lis, dans Tite-Live, les portraits d'Annibal, du grand Scipion et de l'ancien
Caton, de Porcius Caton; si je considère, dans
Tacite, ces quelques lignes d'une rumeur populaire
dont il s'est contenté pour annoncer l'entrée en
scène de Tibère, le plus habile et le plus terrible
ᵈes hommes qui aient jamais eu le plus grand des
pouvoirs au service de leur volonté; ces quelques
traits rapides par lesquels il donne si bien à prévoir, dans Séjan, l'étonnante fortune du plus adroit
des intrigants; ou, sur un caractère contraire, ces
quelques réflexions si expressives dont il fait
suivre la chute du vieil empereur Galba, cet
homme singulier, qui, paraissant toujours au-
dessus de la vie privée, fut toujours au-dessous du
commandement : je ne saurais voir d'autre obje

au portrait historique que de faire connaître,
d'avance ou après coup, du personnage historique
dont il s'agit, à quelles remarquables qualités d'esprit ou de corps, à quels grands traits de caractère,
à quelles habitudes, à quelles mœurs il a dû le
rôle public qu'il doit jouer ou a joué ; et, si je
pouvais tirer une règle de l'exemple de ces
maîtres que je viens de citer, je dirais que le portrait historique doit absolument s'en tenir à ce
qui regarde ou explique ainsi le personnage historique, à ce par quoi il a pu prendre influence ou
action dans les hautes affaires, et que la plus
grande faute serait d'y mêler de ces traits acces-
soires, de ces détails sur la personne physique, sur
les agréments de conversation, sur les habitudes
de toilette, qui ne sauraient avoir de signification
ou d'importance que dans le cercle de la vie privée; détails permis peut-être au Mémoire ou à la
biographie, sur l'exemple de Saint-Simon, de Plutarque, et de Tacite lui-même dans la vie d'Agri-
cola, où pourtant il ne s'en sert que si sobrement,
mais qui ne peuvent manquer de nuire beaucoup
à la rapidité et à la noblesse de la narration historique. Sur cette règle, examinons, des portraits

de M. Louis Blanc, qui, pour le dire en passant,
sont beaucoup trop nombreux, ceux qui ont été
destinés au plus grand effet.

Une première remarque et d'appréciation générale, c'est qu'ils diffèrent terriblement de tous ceux
que nous venons de citer, par la recherche avec
laquelle ils sont écrits, par leur longueur déme-
surée, puisqu'elle est parfois de trois ou quatre
pages, et surtout par la manière dont ils sont in-
troduits dans le récit. On sent qu'ils ont été faits
à loisir, en dehors de la composition, avec toutes
sortes de raffinements, avec une préoccupation
cent fois plus grande de l'effet particulier que de
l'effet général, et que dès lors ç'a été une néces-
cité souvent de recourir à des tournures forcées et
déclamatoires, pour les intercaler dans la narration, ou de finir par des traits assez sublimes pour
en justifier les vastes proportions. Qu'on juge de
l'observation par ce début du portrait de Casimir
Périer, à propos de son attitude au 26 juillet 1830 :

« Quel était donc cet homme qui se présentait
« ainsi comme médiateur entre les libéraux et le
« trône à cette heure solennelle? Casimir Périer
« avait la taille haute et la démarche assurée.

« Sa figure, naturellement douce et noble, était
« sujette à des altérations subites qui la ren-
« daient effrayante. L'ardeur mobile de son re-
« gard, l'impétuosité de son geste, son éloquence
« fiévreuse, etc. »

Ou par ces premières lignes de trois énormes
pages consacrées à mettre en lumière le portrait
de M. de Talleyrand :

« La nomination de M. de Talleyrand (à l'am-
« bassade de Londres) aurait dû émouvoir pro-
« fondément les âmes, s'il n'y avait eu alors, par-
« tout, éblouissement et vertige. »

Il est vrai que le portrait commence ainsi .

« Fouché, qui avait déployé toute l'audace du
« mal, en avait eu du moins tout le génie. M. de
« Talleyrand, au contraire, était un esprit mé-
« diocre. Seulement il avait cet avantage qu'il
« connaissait toutes les formes et tous les degrés
« de la bassesse de l'homme, l'ayant expérimentée
« sur lui-même ; s'il faisait des actions viles, etc. »

Aussi était-il nécessaire, après tant de peines
pour attirer l'attention, qu'il finît par ce trait sublime :

« Homme à peine digne de pitié! car sa répu·

« tation s'accrut de chaque opprobre éclatant, et
« sa prospérité résuma tous les désastres de son
« pays. »

Si l'on veut mieux comprendre encore l'influence de ce développement excessif sur le trait
de la fin, qu'on examine le portrait de M. Thiers.
Il commence ainsi :

« Nul, du reste, n'était plus propre que M. Thiers
« à conduire la bourgeoisie. Son esprit délié, sa
« figure fine, mais bienveillante, le sans-façon de
« ses manières, son caquetage, la grâce noncha-
« lante avec laquelle il faisait, au besoin, bon mar-
« ché de son importance, tout cela rendait sa
« supériorité légère et en assurait d'autant mieux
« l'empire. Tout cela, etc. »

Il se soutient de ce style pendant deux énormes
pages. Ne fallait-il pas qu'il récompensât le lecteur
de sa patience par cette fin grandiose ?

« Quoi qu'il en soit, M. Thiers n'avait ni l'amour
« de l'humanité, ni l'intelligence de ses progrès
« possibles; ne devinant rien au delà de l'horizon,
« il n'avait nul souci du peuple, ne l'admirait que
« sur les champs de bataille où il court se faire
« décimer, et ne le jugeait bon qu'à servir de ma-

« tière aux combinaisons de ces spéculateurs inso-
« lents qui, sous le nom usurpé d'hommes d'État,
« jouent entre eux les dépouilles du monde. »

Le portrait de M. de Châteaubriand, qui a
quatre pages, finit par ce trait sublime, avec
point d'exclamation :

« Triste siècle que celui où l'on est forcé d'expli-
« quer le silence du génie et l'impuissance de la
« force ! »

Le portrait d'Armand Carrel, qui a trois pages,
finit aussi par un trait sublime, avec point d'exclamation ; et le portrait de M. de Lamartine, qui
a de même trois pages, finit par deux traits sublimes, mais, il est vrai, sans point d'exclamation.

Sur ces citations, on peut déjà se faire une idée
de la manière dont M. Louis Blanc se sert du détail ; mais où l'on en jugera le mieux, c'est aux
portraits de MM. de Lamartine et Armand Carrel.

Voici le commencement du portrait de M. de
Lamartine :

« Dans M. de Lamartine, l'homme extérieur
« appartenait tout entier à la classe aristocratique ;
« car il avait les traits fins, les formes allongées,
« une dignité facile, une magnificence de gentil-

« homme, et cette élégance sans effort qui se com-
« pose de riens exquis; seulement, le commerce
« de la poésie l'ayant accoutumé à la pompe du
« discours, il ne parlait point la langue des salons,
« langue vive et légère et d'une futilité char-
« mante. — Etc. »

Hé! pardieu! que m'importe que M. de Lamartine sût ou non parler cette langue vive et légère?
Dites-nous donc qu'il parle admirablement cette
sérieuse et forte langue de la tribune, si difficile à
parler, qu'il la parle de façon à remuer tout le
pays, à réveiller partout les idées, et ajoutez qu'il
est un des hommes d'à présent qui ont les plus
grandes façons de sentir et d'agir : c'est tout ce que
nous avons besoin de connaître pour nous rendre
compte de la grandeur de son rôle et de son influence. Est-il donc si difficile de se persuader que
l'électeur de Strasbourg ou de Bordeaux, de Lille
ou de Perpignan, auquel un discours de M. de
Lamartine fait prendre la résolution de changer
son vote aux prochaines élections, ne s'informe
guère si M. de Lamartine sait ou non dire des futilités aux dames du faubourg Saint-Germain ou
d'un salon quelconque? Même observation pour

M. Thiers, pour M. Guizot, pour tous les hommes
qui ont mieux, pour arriver à l'influence, que le
suffrage des dames de la diplomatie; même observation pour Armand Carrel lui-même, qui, à coup
sûr, n'a jamais dû son influence dans le parti républicain, non plus que ces sympathies ou ces
haines élevées dont il fut l'objet, aux avantages
physiques et aux habitudes de toilette dont vous
nous donnez ainsi le détail :

« Armand Carrel avait dans toute sa personne
« quelque chose de chevaleresque. Le balancement
« de sa démarche, son geste bref, ses habitudes
« d'élégance virile, son goût pour les exercices du
« corps, et aussi une certaine âpreté qu'accusaient
« les lignes heurtées de son visage et l'énergie de
« son regard, tout cela était plus du militaire que
« de l'écrivain. Officier sous la Restauration, cons-
« pirateur à Béfort, armé en Espagne contre le
« drapeau blanc, traîné, plus tard, devant trois
« conseils de guerre, 1830 l'avait trouvé journa-
« liste. Mais l'homme d'épée survivait en lui. Que
« de fois, dans la cour de l'hôtel Colbert, ne
« l'avons-nous pas vu entrer à cheval, dans une
« tenue sévère, et la cravache à la main ? — Etc. »

Non, encore une fois, je ne puis concevoir qu'il y ait eu, pour M. Louis Blanc, à nous dire tout cela de M. Carrel, la même urgence que pour Salluste à nous instruire des talents de coquette de la belle Sempronia, que pour Tacite à nous instruire des artifices de séduction de la divine Poppée.

Quand ce même Salluste, quand ce même Tacite, quand Tite-Live nous parlent des avantages physiques de leurs grands hommes, de leurs grands généraux, c'est pour nous dire qu'ils avaient un corps infatigable, dur au travail, ne se rebutant de rien, sachant souffrir la faim, la soif, les veilles, comme Catilina, comme Marius, comme César, comme Séjan; un corps de fer comme Porcius Caton; un corps dont il ne fallait pas régler le repos sur les heures de nuit ou de jour, comme Annibal, et qui pouvait au besoin prendre ce repos sur la terre humide; et cela vaut certes la peine d'être dit. De tous les portraits de maîtres que j'ai cités, il n'en est qu'un dont je me rappelle un détail de toilette, c'est encore celui d'Annibal, où j'apprends qu'Annibal ne portait pas un autre habit que le soldat, et mettait tout son luxe dans ses chevaux et dans ses armes; et je conçois encore cela, et je

trouve beaucoup d'intérêt à le savoir ; mais, en vérité, je n'en trouve pas du tout à savoir que M. Carrel avait souvent une cravache à la main.

En revanche, de ces traits sérieux, de ces traits
profonds qui expliquent tout un homme, il y en
a fort peu dans M. Louis Blanc, ou du moins ils
sont si profonds que j'avoue ne pas toujours les
comprendre. Tel est sans doute celui-ci, du portrait
de Casimir Périer :

« D'autant plus hautain en apparence qu'il était
« plus humble en réalité, son empire au sein de
« l'abaissement avait quelque chose d'irrésistible ;
« et jamais homme ne fut plus propre que lui à faire
« prévaloir de pusillanimes desseins. Il ne les con-
« seillait pas, il les imposait. »

Il faut beaucoup, beaucoup de subtilité pour
comprendre cet homme à la fois si hautain et si
humble, si ferme et si pusillanime, et surtout cet
empire irrésistible au sein de l'abaissement. Les
réalités sont plus simples que cela.

Je dirai la même chose de ce trait sur M. Guizot :

« Ajoutez à cela qu'il avait, comme Casimir
« Périer, l'art d'ennoblir de vulgaires desseins, et
« de servir en paraissant régner. »

Voici, de ce même portrait de M. Guizot,
quelque chose de moins prétentieux et de meilleur :

« Fidèle dans ses amitiés, pour que nul n'eût à
« se repentir d'avoir compté sur sa fortune, il
« avait toujours…. » Je m'arrête là, car avec le
reste de la phrase nous retomberions dans les
finesses. Mais comparez à cette moitié de phrase
ce trait si simple de Salluste sur Sylla : *qu'il rendait des services avec empressement, n'en recevait
qu'à regret, et n'épargnait rien pour se faire le plus
d'obligés possible.*

Voici, perdue au milieu de détails descriptifs
ou anecdotiques singulièrement plaisants à force
d'être majestueux, une belle phrase du portrait de
M. Arago :

« Et toutefois, il n'avait pas ce genre de supério-
« rité qui permit à Mirabeau de se jouer des orages,
« d'y respirer avec une aisance orgueilleuse, de
« s'enivrer de la contradiction, et de se faire por-
« ter par les haines mêmes autour de lui soulevées. »

Quel dommage qu'après cette phrase M. Louis
Blanc ait éprouvé ce besoin de nous faire savoir,
qu'il avait eu la confidence d'un projet de discours

de M. Arago, beaucoup plus beau que ne fut le discours !

Voici quelque chose de mieux encore, en préam-
bule du portrait du prince Louis Bonaparte :

« Savoir commander à son cœur, être insensible
« et patient, n'aimer que son but, dissimuler; ne
« pas dépenser son audace dans les projets et la ré-
« server tout entière pour l'action ; pousser au
« dévouement sans trop y croire, traiter avec la bas-
« sesse en la devinant, mépriser les hommes; pour
« devenir fort, le paraître; et se donner des créatu-
« res, moins par la reconnaissance, qui fatigue le
« zèle, que par l'espérance, qui le stimule... : là
« est, dans le sens égoïste et vulgaire du mot, le
« génie des ambitieux. Or, le prince Louis Bona-
« parte, etc. »

Voici même, de ce portrait de M. de Talleyrand
que j'ai critiqué tout à l'heure, qui serait assez bon,
sans quelque chose d'un peu maniéré et les détails
d'avant ou d'après :

« Il eût volontiers fait passer la vertu pour une
« marque de roture, et il était regardé comme le
« protecteur de tous les pouvoirs auxquels il s'était
« livré, tant il apportait de fatuité dans ses trahisons

« et savait donner d'importance à son déshon-
« neur. »

Mais comparez, quant au défaut de conscience,
avec ce trait si vif de Tite-Live sur Annibal : *qu'il
était d'une mauvaise foi plus que punique ;* et,
quant à l'art de se faire accepter, avec ce trait de
Tacite sur Séjan : *que ce Tibère, si impénétrable
pour tous, il avait su le rendre confiant et ouvert
pour lui seul.* Que de choses il y a là dedans ! que
de souplesse, d'adresse, de bassesse, de tout ce
que vous voudrez, cela ne suppose-t-il point dans
Séjan, et ce seul trait ne vaut-il pas mieux que toute
votre page de détails ?

En résumé, dans M. Louis Blanc, tous les
hommes sont petits, bons ou mauvais, dynastiques
ou républicains, aussi bien ceux qu'il veut le plus
faire valoir que ceux qu'il cherche le plus à dépré-
cier ; ce sont de petits intrigants ou de petits
hommes de cœur, de petits scélérats ou de petits
héros, et je défie qu'on montre dans toute son
histoire un seul de ces traits, qui puissent donner
l'éveil à quelque noble vouloir dans un caractère
élevé.

Comment donc, pour passer à la mesure qu'il

a des choses, pourrait-il faire agir ces petits
hommes qu'au milieu de petites circonstances et
de petites affaires, qu'en rabaissant à leur niveau
les plus grands événements, et qu'en donnant de
petites causes à de grands résultats et de petits
résultats à de grandes causes? Comment pourrait-il
raconter, qu'avec un mélange insupportable du
grand et du mesquin, de l'intéressant et de l'insi-
gnifiant, de ce qui doit frapper et de ce qui doit
ennuyer? Comment ne surchargerait-il pas ses
narrations de minuties, de superfluités, de grandes
descriptions de petits objets, de longues relations
de petites actions? Comment, dans les mouvements populaires, saurait-il procéder par grandes
masses, par grands tableaux? Comment enfin
éviterait-il de mettre cent pages, où, pour l'intérêt
et l'art, il n'en faudrait que dix? Qu'on juge de
ce qu'il a su faire par les tableaux à perte de vue
qu'il donne de la situation générale de l'Europe,
ou de la situation générale de la France, toujours
avec la préoccupation de Tacite, il est vrai, mais
toujours avec cette différence qu'il met vingt ou
trente pages où Tacite en a mis quatre ou cinq;
qu'on en juge par l'insipide chapitre du choléra,

6

qui n'a pas moins de vingt-trois pages, et où se
trouvent des détails si incroyables de science médicale, en se rappelant ce tableau si saisissant, si
dramatique, de la peste d'Athènes, dans Thucydide, qui n'a guère que trois ou quatre pages;
qu'on en juge par ce chapitre, plus ennuyeux encore, de la détention et de l'accouchement de la
duchesse de Berry, à Blaye, chapitre qui n'a pas
moins, grand Dieu! de soixante-cinq pages, et
qu'on dirait, à raison des tirades qu'il fournit
contre la dynastie de juillet, avoir été la condition
des renseignements légitimistes fournis à l'historien; qu'on en juge par les cinq ou six pages, avec
notes énormes, en petit-texte, relatives à la vente
de la forêt de Breteuil au roi, et qu'on dirait avoir
été la condition des révélations de M. Laffitte, en
se souvenant de ce champ sous les murs de Rome,
dont parle Tite-Live en quatre lignes, dont la
vente, pendant qu'Annibal avait son camp sur ce
champ même et sans aucune diminution de prix
pour cette circonstance, entra pour moitié dans
la détermination d'Annibal de lever le siége de
Rome; qu'on en juge par cette relation si détaillée
des interminables démêlés des accusés d'avril

entre eux, et de leurs défenseurs entre eux, et de
M. Jules Favre avec la majorité des défenseurs ;
qu'on en juge par ces récits si longs, si lourds, si
écrasés de petits épisodes, de chacune des
journées de Juillet, des émeutes de Paris et des
insurrections de Lyon ; qu'on en juge enfin par la
table de chaque volume, si prétentieusement faite
et qui contient de si étranges indications, et qu'on
dise, pour terminer par un exemple, qu'on dise
s'il peut être de bonne narration historique, qu'un
récit d'insurrection fourmille de passages comme
le suivant, pris à l'insurrection de Lyon du
tome IV :

« Il ne restait plus qu'à emporter le quartier des
Cordeliers. Deux compagnies, soutenues par du
canon, attaquent les barricades, et, après une
lutte acharnée, les enlèvent. Les insurgés occu-
paient encore l'église des Cordeliers : les portes
s'ébranlent, elles sont enfoncées..... Quel spectacle ! un sergent, noir de poudre, est là qui
anime les siens au carnage et commande le feu.
Une décharge terrible fait résonner ces voûtes
accoutumées au bruit des cantiques pieux. C'est
en vain que des prêtres, ministres d'un dieu de

miséricorde, demandent grâce pour les vaincus;
il n'y a pas de pitié dans les guerres civiles.
Parmi les insurgés, ceux-ci s'abritent derrière
les colonnes, ceux-là s'enferment dans l'ombre
des chapelles latérales; d'autres font monter
vers le ciel des hymnes de liberté, des chants lu-
gubres, et semblent vouloir se bercer dans les
bras de la mort. Il y en eut un qui, debout sur
les marches les plus élevées de l'autel, les bras
croisés sur sa poitrine, le visage rayonnant et le
regard plein d'un amère délire, s'écria : « Voici
le moment de mourir pour la patrie! » L'âme de
ce jeune homme avait déja pris son vol éternel,
quand, percé de coups, son corps tomba au pied
de l'autel du sacrifice. Bientôt, des flaques de
sang couvrirent les dalles du temple, et l'on y
compta onze cadavres.

« Le jour suivant, les derniers débris de l'insurrection disparurent des hauteurs, et une procla-
mation en informa les habitants. La ville de
Lyon était pacifiée! »

La manière historique de M. Louis Blanc est
tout entière dans ce morceau, y compris le point
d'exclamation de la fin, et la grande disproportion

entre le nombre des cadavres et le fracas de la narration. De quelle école est cette manière, je ne me charge pas de le dire, mais, de toute façon, c'est d'une détestable école, et qui n'a su prendre, du genre de M. Chateaubriand, que le plus fade et le plus mauvais.

Je signalerai pourtant, de la partie narrative de l'*Histoire de dix ans,* quelque chose à excepter de la sévérité de ce jugement, et je suis heureux d'avoir à reconnaître que notre auteur raconte avec assez de finesse, de pénétration, avec une vivacité assez dramatique, et parfois sans trop de sa boursouflure habituelle, les préparations cachées de la mise en scène et les choses d'intrigue. J'en citerai pour preuve le récit de la coalition.

Si M. Louis Blanc a si peu tenu compte des caractères généraux, des caractères essentiels de toute œuvre vraiment historique, on peut penser s'il a su tenir compte de ces caractères particuliers, que toute histoire doit emprunter aux caractères particuliers de l'époque qu'elle raconte; et, par exemple, s'il a su résoudre cette grande question, cette grande difficulté de l'art historique moderne, de savoir comment il

faut adapter à la narration les faits de presse, les
faits de tribune et les faits d'opinion; difficulté sur
laquelle, à mon sens, la solution satisfaisante est
encore à venir. D'après tout ce que j'ai dit et
surtout cité de M. Louis Blanc, on répondra
qu'il n'a pas dû seulement se la poser, et c'est
vrai. Comment en aurait-il eu la patience, avec
cet immense besoin de bruit et de renommée qui
paraît en lui? Je ne vois pas dans son livre qu'il ait
su trouver, dans les faits de presse, une seule de
ces remarquables occasions, où ce serait un article
de presse qui aurait décidé de la marche d'une
affaire ou d'une question, ou qui aurait eu l'influence décisive dans un acte important; qu'il ait
su jamais saisir dans les dispositions, dans les ru-
meurs de l'opinion, quelques-uns de ces vifs instincts de la masse, quelques-unes de ces bonnes
raisons, de ces idées bien arrêtées, qui auraient
fait le sens, la clarté et la portée d'un événement;
et, quant aux faits de discussion, qui sont encore,
de tout ce qu'il raconte, ce à quoi son style
prend le plus de consistance, au lieu d'y chercher ce lien étroit de la parole avec le fait, ce
rapport intime de la discussion avec l'action,

au lieu de ne leur faire dans son récit, sur de
si bons exemples de Salluste et de Tite-Live,
que cette part directe, cette importance positive
qu'ils avaient eue dans les événements racontés,
il n'y a jamais vu qu'une commode occasion
d'exposer sa propre opinion, et n'a jamais repro-
duit le *pour* et le *contre* que pour leur donner tort
à tous deux, au profit d'un troisième avis, qui eût
été le sien, et sur lequel il n'a jamais fait grâce
d'un développement.

Je veux bien que l'antiquité n'ait pas connu,
comme influence directe sur le gouvernement des
sociétés, ce que nous appelons le mouvement des
idées, le mouvement intellectuel, bien qu'à voir
la manière dont Salluste explique l'avénement de
Marius on en puisse douter; mais encore, expliquer le mouvement des idées, ce n'est pas, ce ne
doit pas être mêler, brouiller, enchevêtrer toutes
choses, dénaturer la narration. Faites des chapitres
particuliers pour vos mouvements d'idées, si vous
voulez; réunissez dans quelques expositions d'ensemble tout ce qui n'est qu'activité intellectuelle,
j'y consens; mais, de grâce, n'introduisez pas en
tout vos propres idées; ne jetez pas sur tout sujet

une couche énorme de votre couleur d'affection,
et tâchez même que vos expositions de ce genre
soient, s'il se peut, moins prolixes et moins char-
gées de détails, que les chapitres de l'*Histoire de
dix ans,* relatifs aux Saint-Simoniens.

Si, du reste, M. Louis Blanc trouvait malveillante
cette opposition continuelle que je lui fais des
anciens, je lui dirais tout simplement d'aller voir,
dans une histoire qu'il connaît bien et qui n'est
déjà plus de cette hauteur, dans l'*Histoire de la
Révolution française* par M. Thiers, aux deux admirables chapitres du premier volume consacrés
aux grandes discussions de l'assemblée constituante, comment on raconte les choses de discussion; au chapitre plus admirable encore du
18 brumaire, à la fin du dixième volume, comment on raconte les choses d'action, et dans chacun des dix volumes comment on fait une table
sans prétention et sans petites préoccupations.

Reste le style, et, si je n'étais dispensé d'en
faire la remarque après toutes mes citations, je
dirais que le style historique de M. Louis Blanc
est bien le digne style de cette fausse et préten-
tieuse manière de raconter que vous lui connais-

sez. Les contrastes affectés, les antithèses pré-
tentieuses, les exclamations emphatiques y pul-
lulent, aussi bien que les traits de ce vulgaire et
froid pathétique dont les cœurs les plus secs sont
capables, ou de ces profondes intuitions dans
lesquelles l'emportent les esprits superficiels.
M. Louis Blanc oppose volontiers la liste civile
aux misères du peuple, le droit de discuter Dieu
avec la défense de discuter le roi, comme si Dieu
pouvait craindre d'être renversé ; il fait volontiers
tirade sur la bêtise des gouvernements et l'imbé-
cillité des peuples ; il laisse volontiers échapper
le mot de *pauvres*, pour le relever magnifique-
ment ; il revient volontiers, dans ses récits d'é-
meutes, sur ces pauvres mères *attendant un fils
qui ne revient pas*, ou allant chercher *sur les
froides dalles de la morgue un cadavre aimé* ; il
rappelle volontiers au peuple, après une insurrection réprimée, que le peuple romain gagna
l'établissement des tribuns à sa retraite sur le
mont Aventin ; il crie volontiers, après une révolution qui ne dégénère pas, au malheur de faire
des révolutions en poussant des cris inconnus ;
mais, par-dessus tout, il laisse percer l'intention

de paraître profond, de juger les hommes de haut,
d'élever des renommées, d'en détruire, de grossir
certains événements, d'en amoindrir d'autres, de
convaincre les hommes d'État d'ineptie, les rois
de folie, et, quand il ne le devine pas, Dieu
d'inconséquence. Tout cela n'est point de la dignité du style historique.

A ne considérer le style de l'*Histoire de dix ans*
qu'en lui-même, dans ses phrases et dans ses mots,
il faut, quant aux phrases, leur rendre cette justice, qu'elles sont en général de bonne forme,
qu'elles annoncent une grande connaissance des
bonnes tournures de la langue, quelquefois même
des meilleures, qu'elles sont variées, piquantes,
d'une allure facile, qu'elles ont souvent du nombre et de l'éclat, et qu'enfin elles prouvent dans
M. Louis Blanc la plus heureuse facilité de rédaction. Mais, quant aux mots dont se remplissent
ces belles phrases, c'est une autre affaire; il serait impossible qu'ils se ressentissent davantage
du défaut de ce qu'ils ont à dire; jamais je n'ai
vu pareille tendance à forcer l'expression ou à
l'affadir, et de toute façon à la dénaturer; jamais
en particulier je n'ai vu pareil abus de l'épithète.

C'est désolant. Qu'on s'en fasse une idée par cette seule remarque, que, si l'adjectif n'est pas au superlatif, c'est qu'il n'est pas autre au positif qu'*étonnant, inconcevable, admirable, incomparable, énorme, prodigieux, merveilleux* ou *monstrueux*.

Si l'on fait maintenant le rapport du style à la narration, et de la narration à l'ensemble de la composition, on verra que leur caractère commun, dominant, incontestable, c'est l'enflure, et que tel devait bien se montrer enfin le vice qui se cache dans les pompeuses abstractions, sous lesquelles M. Louis Blanc cherche à déterminer son sujet; et qu'ainsi, pour parler de sa corruption littéraire comme il parle de la corruption morale de l'époque, c'est de sa conception même que l'enflure *est tombée goutte à goutte* sur toutes les parties de son histoire, sur le ton de la narration, sur la mise en scène des hommes, sur le récit des événements, sur les jugements, sur le style, partout, partout, jusque sur la table.

L'enflure, c'est aussi le mot, à s'en tenir aux plus incontestables talents, qui résumerait le mieux le caractère de la littérature actuelle, et,

combien c'est triste à dire ! il n'est pas de pire
mal que celui-là, mal d'impuissance et de for-
fanterie. Tout s'en ressent, tout en souffre. Sous
l'influence de l'enflure, il n'y a plus de clarté, il
n'y a plus de vérité dans une langue, il n'y a
bientôt plus de sens à quoi que ce soit. L'éloge
n'honore plus, le blâme ne flétrit plus, les sentiments n'émeuvent plus, les définitions ne se
comprennent plus, les notions ne s'approfondis-
sent plus et les idées n'agissent plus. Les bons
esprits se défient de tout ce qui se dit, et ils ont
raison ; les mauvais se laissent prendre à tout ce
qui fait du bruit, et ils n'ont plus tort. Tout s'al-
tère, tout se gâte dans les intelligences, tout se
gonfle dans les projets et tout se creuse dans les
volontés. On n'a plus de mesure de rien ; on ne
sait plus reconnaître ni la grandeur ni la petitesse,
et, dans cette commode confusion, mille petits
grands hommes surgissent, qui se font adorer de
la foule, laquelle ne sait plus encourager ces rares
hommes à l'esprit et au vouloir fermes, dont le
premier désir et le premier service seraient de la
débarrasser de tous les mous et de tous les téné-
breux. Voilà où nous en sommes ! Cela peut-il

durer ainsi longtemps? Non. Toutes les grandes
questions, toutes les grandes idées, en France,
ont prodigieusement besoin d'une réaction littéraire. Il faut qu'elle se fasse, et dès lors on peut
affirmer qu'elle se fera. Hâtons de tous nos vœux
ce moment fortuné, où il n'y aura plus d'écoutés
que les gens ayant les titres que donnent l'art
bien médité, les solides connaissances, un langage simple et clair et le bon goût.

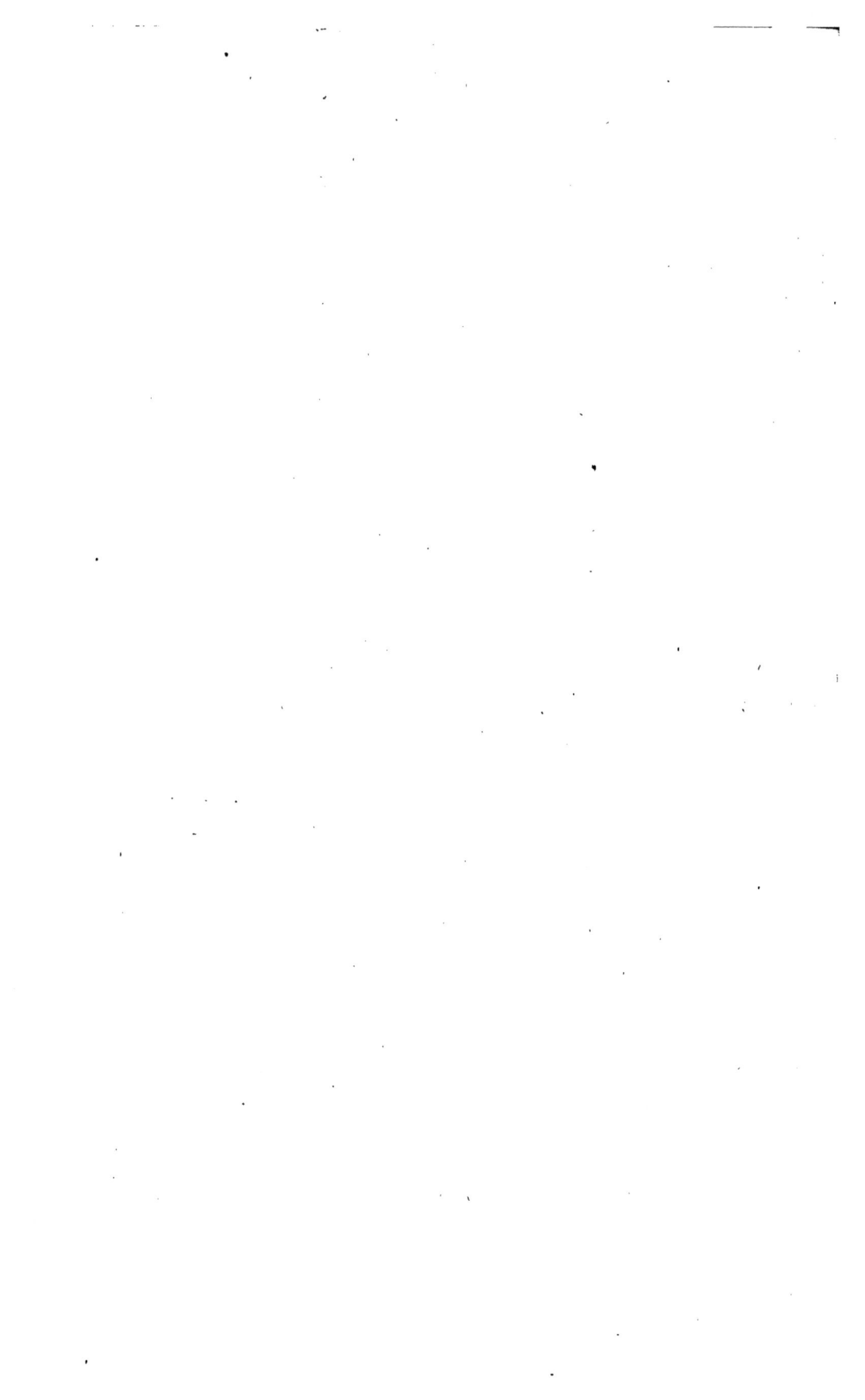

III.

C'est la suite des fautes littéraires ou historiques
que nous avons reprochées à M. Louis Blanc, que
nous ayons à examiner à présent de si grosses et
si difficiles questions d'organisation politique ou
sociale. M. Louis Blanc n'ayant guère écrit son *Histoire de dix ans* que pour exposer sa propre manière d'entendre le gouvernement, et mettre en
beaux endroits toutes les savantes dissertations dont
il avait provision de longue main, force nous est
bien de prendre son livre comme il le donne, et
de le suivre sur ce terrain glissant des théories. Il
va voir si nous acceptons franchement le débat.

L'idée politique qui domine dans l'*Histoire de
dix ans*, autant qu'une idée peut dominer dans
cette confusion de toutes les notions qui en distingue les expositions de doctrines, c'est qu'il y a
incompatibilité radicale, absolue, tenant au fond
des choses, entre la royauté et le pouvoir électif,
et par conséquent entre la royauté et ce qu'il appelle la bourgeoisie, aussi bien qu'entre la royauté
et ce qu'il appelle le peuple; qu'il est de l'essence,
tout aristocratique d'ailleurs, de la royauté d'être
la tête et non le bras, de commander et non d'obéir;
et qu'ainsi, la bourgeoisie voulant, comme le peuple, un pouvoir qui la serve et non qu'elle doive
servir, la royauté ne fait pas mieux son affaire que
celle du peuple, et que son intérêt, comme celui
du peuple, est de se débarrasser de la royauté pour
se donner une bonne république.

Je n'affaiblis rien, et je dis tout; je puis même
dire tout de suite, comme conséquence évidente
et du reste entrevue par l'historien, que, la république faisant l'affaire de la bourgeoisie aussi bien
que celle du peuple, il pourrait fort bien arriver,
si bourgeoisie et peuple sont vraiment deux termes
opposés, que la république consacrât la domi-

nation de la bourgeoisie plutôt que de réaliser
l'avénement du peuple, et que cette raison d'incompatibilité, invoquée par M. Louis Blanc, se re-
tournât alors contre lui-même et vînt faire obstacle
à ses vœux les plus ardents. Qu'on se souvienne
donc bien que, si je raisonnais mal sur la royauté,
il serait loin d'en résulter que M. Louis Blanc rai-
sonnât bien sur la république. J'aurais encore à
lui faire querelle, et une forte querelle, sur ce qui
adviendrait de la république, car je redouterais
plus que lui la conséquence que je viens d'indiquer, car, à présent même, je suis plus que lui
contraire à toute séparation systématique d'intérêts ou de classes, d'où résulterait une dépression
quelconque de ce qu'il appelle le peuple.

Cela bien entendu, discutons sa raison d'incompatibilité en elle-même, et sans nous occuper de
l'intérêt auquel elle serait profitable. A une règle dérivant ainsi de l'essence des choses, et qui semblerait
d'abord absolue, M. Louis Blanc fait pourtant une
exception considérable, une exception qui ne va
pas à moins qu'à proclamer rationnelle la royauté
d'Angleterre : il reconnaît que la royauté est possible en face d'un pouvoir électif, quand elle est

7

symbole, c'est son expression; et cette considération de symbole lui parait si heureuse, qu'il la
signale comme un de ces points de vue nouveaux
sur lesquels on ne saurait trop insister. Nous
examinerons l'exception comme la règle, et nous
aurons pour le point de vue nouveau toute l'attention dont il est digne. Commençons par la règle, par
ce qu'elle établit de la royauté en général, de cette
nature tout aristocratique, tout impérieuse, qui
la rend incompatible avec une bourgeoisie ou un
peuple représenté; et, sur ce point, commençons
par mettre le jeune historien en contradiction avec
lui-même

Je lis au tome I, à la page 127 de l'Introduction,
le passage suivant :

« S'il eût été possible que la société vécût, ainsi
partagée entre l'autorité d'un roi et celle d'une
assemblée, ce phénomène se serait certainement
produit sous Charles X.

« Qu'on se reporte en effet au moment de la
mort de Louis XVIII. Le parti qui alors dominait
dans la Chambre ne voulait-il pas, sur toutes
choses, que la grande propriété fût reconstruite;
que les corporations religieuses fussent rétablies;

qu'une existence indépendante et somptueuse fût rendue aux nobles; que la centralisation fit place au régime des influences locales? Ces tendances si essentiellement contraires à la monarchie, ces tendances qui attaquaient l'œuvre laborieuse commencée par Louis XI et continuée par Louis XIV, c'étaient précisément celles de Charles X. Charles X n'était guère en état de comprendre que la monarchie avait grandi en France par l'abaissement graduel de la noblesse, par l'aliénation des terres féodales, par l'affaiblissement insensible du régime de primogéniture et de substitution, par le discrédit des dictatures sacerdotales, par la décentralisation surtout (*Décentralisation ne peut être qu'une faute d'impression*). Dans son ignorance, il croyait fortifier la monarchie alors qu'il ne faisait que raviver de son mieux la féodalité. Louis XI, pour être roi, avait cessé d'être gentilhomme. Charles X, par ses idées, était beaucoup plus gentilhomme que roi. »

S'il y a là quelque chose de clair, c'est que, dans l'opinion formelle de M. Louis Blanc, les tendances, essentiellement aristocratiques, de ce parti qui dominait à la mort de Louis XVIII, étaient essentiellement contraires à la monarchie, et que la royauté est si peu aristocratique de sa nature, qu'en France l'œuvre de Louis XI et de Louis XIV avait été précisement d'élever la monarchie sur les ruines de la noblesse et de la féodalité. Rien n'est plus positif, rien ne saurait être plus nettement établi.

Examinez cependant cette considération, dont l'historien fait précéder la discussion sur l'hérédité de la pairie, à la page 23 du tome III.

« Ce fut l'erreur de Louis XI, et plus encore celle de Louis XIV, de croire que la royauté se peut maintenir lorsqu'elle n'a point pour base une aristocratie puissante. A une royauté qui ne fait point partie d'un corps aristocratique, il faut ou un glaive pour frapper toujours, ou de l'or pour corrompre sans cesse : oppressive si elle est absolue, corruptrice si elle est tempérée. Mais en de tels moyens de gouvernement il n'y a aucune chance de durée, parce que celui qui les emploie dégrade son autorité en la défendant, et ne peut l'agrandir sans l'épuiser.

« Le régime constitutionnel que des sophistes ignorants avaient fait prévaloir en France renfer-

mait donc un problème insoluble. Car vouloir
une royauté vivante à côté d'une aristocratie
morte, c'était vouloir que la tête vécût séparée
du corps, c'est-à-dire l'impossible. Voilà pourtant ce que la bourgeoisie demandait. Et son
illusion était si complète, qu'elle prenait ombrage
même d'une pairie héréditaire, et qu'après avoir
anéanti la féodalité, elle en poursuivait jusqu'au
fantôme. »

Hé! hé! il me semble que cette considération
nous met loin de la doctrine de tout à l'heure!
Voilà maintenant la royauté qui ne peut plus se
passer d'une aristocratie puissante, qui, sans cette
aristocratie puissante, n'est plus qu'une tête séparée du corps, cette même royauté, qui tout à
l'heure n'avait pu grandir que sur les ruines de la
noblesse, qui tout à l'heure devait se trouver si
fortement attaquée par cette tendance à recon-
struire la grande propriété, à rendre à la noblesse
une existence indépendante et somptueuse! Ce
même Louis XI, ce même Louis XIV, qui tout à
l'heure avaient élevé la monarchie française de tout
ce dont ils avaient abaissé l'aristocratie, les voilà
maintenant convaincus d'avoir si mal su leur mé-

tier de roi, que d'avoir retiré de la royauté la seule
base sur laquelle elle pût se maintenir, la base d'une
aristocratie puissante! Qu'est-ce à dire? Avocat, je
conçois qu'on plaide selon le besoin de la cause,
mais historien! j'ai peine à passer la chose à
M. Louis Blanc. Comment! tandis qu'il est encore
en gestation de théories, en quête de solutions
pour ces immenses problèmes qu'il se pose, en
recherche de raisonnements qui le mettent d'accord avec lui-même, se faire historien, historien,
grand Dieu! juger les hommes d'État, les ministres, les rois, les condamner souvent, les proclamer imbéciles toujours.... Non, non, c'est par
trop fort; je ne vois pas d'excuse à cela; et, pour
mon compte, si j'avais eu le malheur d'écrire une
histoire en plusieurs volumes, dans laquelle, à
deux volumes de distance, se trouvât une telle
contradiction, je crois que je n'oserais plus faire
imprimer une ligne de ma vie.

Il faut convenir, pour rentrer dans notre examen, qu'après cette contradiction, s'il n'y avait,
sur cette question de la royauté, qu'à mettre l'historien hors de cause, il serait commode
de lui contester sa raison d'incompatibilité. Il suf-

firait de lui dire : A quel titre prétendez-vous que
la royauté est incompatible avec une bourgeoisie
ou un peuple représenté ? Est-ce en tant qu'essentiellement aristocratique? Vous avez dit qu'elle
était le contraire en termes qui prouvent que, de
votre avis, elle n'est essentiellement ni l'un ni
l'autre, et qu'ainsi elle peut être l'un et l'autre.
Si vous avez un parlement bourgeois, la royauté
n'aura qu'a se faire bourgeoise et sera d'accord
avec lui; si vous. avez un parlement démocratique, elle n'aura qu'à se faire démocratique, et
l'on ne voit pas encore comment le désaccord
pourrait se produire. Direz-vous qu'il y aura incompatibilité par cela seul que les deux pouvoirs
seront en présence, et que l'un voudra nécessai-
rement dominer l'autre ? Alors vous entrez dans
un autre ordre d'idées. Il ne s'agit plus d'une lutte
d'intérêts socialement opposés, socialement contraires, socialement hostiles; il s'agit tout simplement d'une dispute de préséance, de prépondérance politique. C'est en tant que pouvoirs différents, au service d'un même principe social, mais
voulant chacun avoir le pas sur l'autre, que la
royauté et le pouvoir électif se querelleront. Cette

raison de désaccord, de lutte existera aussi bien
entre une royauté et un parlement tous deux
aristocratiques, qu'entre une royauté et un parlement tous deux bourgeois, tous deux démocratiques; et alors le gouvernement anglais, proclamé
rationnel par vous-même pour être dans le premier
cas, serait là, pour faire cette réponse péremp-
toire de marcher depuis près de deux siècles, à
tout argument d'incompatibilité voulant le convaincre de ne pouvoir marcher.

Il y aurait encore jusque dans ces avances,
contradictoires elles-mêmes avec son but princi-
pal, que M. Louis Blanc semble faire en compensation de quelques gros mots à la bourgeoisie,
lorsqu'il s'efforce ainsi de lui montrer dans la
royauté un pouvoir incompatible avec sa domination; il y aurait à relever une contradiction non
moins considérable que la précédente; il y aurait
à demander à l'historien comment il accorde, avec
ce qu'il dit sans cesse de cette tendance de la royauté
à comprimer, à soumettre la bourgeoisie, l'aveu
qu'il fait en vingt endroits, que toutes les lois pro-
posées ou sanctionnées par cette royauté, et no-
tamment la loi électorale, la loi sur la garde na-

tionale et la loi sur la pairie, ont tourné au profit de la bourgeoisie, ont eu pour effet d'étendre son influence et même d'assurer sa domination. Mais tout cela ne serait qu'ajouter une objection né- gative à une autre de même sorte, et qui ne ferait preuve que contre l'auteur. J'en garderai seulement ce qui justifie le reproche que j'ai dès le principe adressé à M. Louis Blanc, de s'être abandonné à de si hauts jugements avec des théories encore si peu solides; et je vais essayer d'une objection positive et qui fasse preuve contre l'idée même, qui, ramenée le plus souvent par l'historien, peut passer en définitive pour son idée de prédilection. Voici le passage décisif auquel j'entends répon- dre, de la page 366, au tome IV, à propos de la brochure Rœderer et de l'opposition que lui faisait M. Duvergier de Hauranne :

« Entre le parti parlementaire et le parti de la cour, le débat était celui-ci :

« Le premier disait, avec M. Duvergier de Hau- ranne : « Puisque les ministres ne sauraient gou- verner sans majorité parlementaire, les ministres que nous voulons, la royauté les doit vouloir. Sans cela, que serait la Chambre? une machine

à voter les impôts. » Et le second s'écriait avec
M. Rœderer : « Quoi ! le roi *nommerait* les ministres, lorsqu'en réalité ce serait par la Chambre
qu'ils seraient *choisis* et *dominés ?* Mais, à ce
compte, que serait la royauté ? une machine à
signer des ordonnances, une griffe.

« Les deux partis avaient raison l'un contre
l'autre ; tous deux ils avaient tort aux yeux de la
raison, et cette lutte même prouvait jusqu'à quel
point le régime constitutionnel est vicieux. Tout
gouvernement qui n'est pas fondé sur le principe de l'unité est condamné à vivre dans
l'anarchie et à mourir dans la corruption. Or,
l'unité par la monarchie avait cessé d'être possible le jour où s'était produit le régime des
assemblées électives et permanentes, le jour où
l'on avait isolé le trône en lui retirant le nécessaire appui d'une aristocratie territoriale, le
jour où l'hérédité de la couronne n'avait plus
été maintenue que comme un fait exceptionnel,
toute hérédité politique ayant été proscrite, même
celle qui faisait la force de la pairie. L'unité
par la monarchie avait cessé d'être possible le jour
où la bourgeoisie était venue hériter des dé-

pouilles du régime féodal; et à dater de cette
époque, il n'y avait eu logiquement et réguliè-
rement de possible que l'unité par le parlement,
c'est-à-dire par la république.

« Pour peu qu'on y réfléchisse, on verra que,
par essence et par intérêt, la bourgeoisie française
aurait dû être républicaine. »

Puis, à l'occasion de ce mot *république*, vient
au bas de la page cette note curieuse, ou précisément est signalé le point de vue nouveau dont j'ai
parlé :

« En faisant l'homme, Dieu n'a pas entendu
qu'il fût permis au bras de contrôler les déci-
sions de la tête. La tête veut, le bras exécute.
Comment conçoit-on que l'homme pût agir, si,
lorsque la tête veut une chose, le bras en voulait
une autre? voilà pourtant le régime constitutionnel! à moins que le roi n'y soit, selon l'expression de Bonaparte, *un cochon à l'engrais*, ce
qu'un roi ne voudra jamais s'il est intelligent,
et ce qu'on ne voudra jamais pour lui, s'il est
idiot. On cite toujours, à ce propos, l'exemple
de l'Angleterre, et l'on ne prend pas garde
qu'en Angleterre, la royauté peut vivre unique-

ment comme symbole, parce qu'en effet elle y
exprime la puissance héréditaire de la classe
dominante, parce qu'elle y est bien réellement
le symbole de la transmission du pouvoir politique en vertu du droit de naissance. Mais où
est l'aristocratie en France? L'hérédité du pouvoir politique y a été si formellement condamnée,
qu'on n'a pas même voulu d'une pairie héréditaire. Qu'on nous dise donc comment la royauté
pourrait vivre uniquement comme symbole, dans
un pays où ce qu'elle est appelée à exprimer
n'existe plus.

« Nous ne saurions trop insister sur un point
de vue que nous avons émis au commencement
du troisième volume de cet ouvrage, et que
nous croyons nouveau. En Angleterre, malgré
les apparences, il y a unité dans le pouvoir, et
c'est ce qui fait sa force. En Angleterre, la
Chambre des Communes, celle des Lords et la
royauté ne sont, au fond, que trois manifestations
diverses d'une puissance unique, la puissance de
l'aristocratie; *ce sont trois fonctions, et non trois
pouvoirs.* »

La première chose à faire sur ce passage important, s'il n'est pas défendu de mettre un peu de clarté dans la réfutation d'une doctrine confuse et mélangée, c'est de bien signaler à quels ordres divers d'idées appartiennent toutes ces considérations, que M. Louis Blanc, sans se douter de cette diversité, réunit dans un seul et même argument, dans une seule et même objection contre la royauté. Dans la première partie, dans cette reproduction contradictoire des idées opposées, auxquelles M. Louis Blanc donne également raison, pour les condamner les unes par les autres, tout est d'ordre politique; il ne s'agit que d'un simple débat politique entre la royauté et le pouvoir électif, que d'une simple dispute de prépondérance politique, que d'un simple antagonisme de prétentions politiques, que d'un partage contesté d'attributions et de prérogatives politiques. Il n'y a pas autre chose entre M. Duvergier de Hauranne et M. Rœderer, et ni l'un ni l'autre ne supposent que la royauté et la chambre ne soient pas dans un même principe de société. Et dans la seconde partie, pour leur donner tort à tous deux, M. Louis Blanc fait, lui, une déplorable confusion des raisons d'ordre social et des raisons d'ordre politi-

que; il ne sait rien séparer, rien distinguer; à côté
de cette opposition toute politique qu'il fait à la
royauté, d'un régime d'assemblées électives
et permanentes, il fait au pouvoir électif l'objection toute sociale de cette nature, de ce
caractère essentiel de la royauté, qui lui rend nécessaire l'appui d'une aristocratie territoriale; et,
trois lignes plus bas, au moment où, déclarant la
bourgeoisie héritière des dépouilles du régime
féodal ou de l'aristocratie territoriale, il semble
qu'il va, comme conséquence, la déclarer héritière
des intérêts et des qualités monarchiques de cette
aristocratie, voilà qu'il la déclare, au contraire,
incompatible, par essence et par intérêt, avec la
royauté, et qu'il lui signifie l'impossibilité pour
elle d'avoir l'unité dans le gouvernement qu'avec
la république; et voilà de plus que, sur ce mot de
république, il revient, en note, à une considération
de politique transcendante, pour invoquer exclusivement contre la royauté, dans laquelle il ne sait
voir que le pouvoir exécutif, ce qui serait applica-
ble à tout pouvoir exécutif en face d'un parlement.

Comment saisir un pareil antagoniste, si ce n'est

en lui prêtant, pour le réfuter, plus de clarté qu'il n'en a ? Faisons donc sur ses idées et contre elles les distinctions qu'il n'a pas su faire à leur profit.

La première sera celle des deux sortes de raisons sur lesquelles il s'appuie, des raisons d'ordre social et des raisons d'ordre politique; et la seconde, à laquelle je déclare soumettre mes idées comme les siennes, sera celle même de laquelle dépend la première, celle qui s'établit chaque jour davantage, pour un si grand progrès des sciences politiques, entre ce qui est d'ordre social et ce qui est d'ordre politique, entre ce qui doit régler l'organisation sociale et ce qui doit régler l'organisation politique, en un mot entre le principe de société et le principe de gouvernement; et j'accorderai comme conséquence immédiate à cette distinction, la subordination complète, absolue, nécessaire de l'ordre politique à l'ordre social, du principe de gouvernement au principe de société. Je n'ai pas à la justifier ici, cette importante distinction, ce qui, du reste, ne serait guère possible incidemment; je n'ai qu'à l'accepter au contraire; car il n'est pas une des idées quelque peu saisissables de M. Louis Blanc qui ne la suppose, bien que souvent il semble la méconnaître et que jamais il ne l'applique nettement.

En critique, il en résultera que la raison d'ordre social disant plus que la raison d'ordre politique, on sera dispensé, si l'on a pour soi une raison d'ordre social, de répondre à toute raison d'ordre politique; mais que, si l'on se prévaut seulement d'une raison politique, on devra répondre encore à toute raison d'ordre social.

Admettons à présent qu'après beaucoup d'hésitations sur le caractère, sur la nature de la royauté, M. Louis Blanc s'est décidément prononcé pour l'opinion qu'elle est essentiellement aristocratique. Si cette opinion est fondée, il est évidemment en droit d'en conclure que la royauté n'est plus concevable, n'a plus sa raison d'être en France, où il ne reste plus que la bourgeoisie et le peuple. C'est l'objection d'ordre social. Mais je nie que la royauté soit de sa nature aristocratique; bien plus, je nie qu'elle ait de sa nature aucun caractère social, aristocratique ou autre.

Que peut vouloir dire cette assertion que la royauté est de sa nature aristocratique ? Cela ne signifie rien, si cela ne signifie pas que, par nature,

elle est portée à s'appuyer sur des intérêts aristocratiques, et, pour la solidité de son point d'appui, qui devient la sienne propre, à faire prévaloir le plus que possible, dans la société, ces
intérêts aristocratiques.

Or, maintenant, comment concevoir la nature
d'un pouvoir quelconque, sinon par ce qui fait son
intérêt, c'est-à-dire par ce qui fait sa force, sa durée,
et, si l'on veut, sa grandeur? Et quelle autre tendance faire sortir de là pour ce pouvoir, que cette
tendance générale, s'il est collectif, s'il fait classe
par lui-même, à concentrer en lui les éléments de
force, de durée et de grandeur; et, s'il ne fait pas
classe, s'il est une personne, à s'appuyer, dans
l'intérêt de sa force, sur l'intérêt le plus fort dans
la société, quel qu'il soit, et, dans l'intérêt de sa
durée sur l'intérêt qui a le plus de consistance, et,
dans l'intérêt de sa grandeur, sur l'intérêt qui se
prête le mieux aux grandes choses?

Hé bien, je le demande à M. Louis Blanc, pour
conclure ainsi à une tendance particulière de la
royauté, à cette tendance essentiellement aristocratique, ne faudrait-il pas pouvoir dire qu'il ne
saurait y avoir de force, de consistance et de gran-

8

deur dans la société que pour une noblesse, que
pour une aristocratie? Et qui le peut dire, en face
de notre état social d'à présent? Et le peut-il dire,
lui surtout, qui parle sans cesse de cette puissance,
de cette domination sociale de la bourgeoisie,
assise sur les fondements mêmes de la loi civile,
et qui la constate si bien par le soin qu'il prend
de l'attaquer en toute occasion? Qu'il refuse, je
le veux bien, la grandeur à la bourgeoisie censi-
taire! Ce serait fort honorable pour la royauté,
il en conviendra, que d'être proclamée impossible
avec la domination d'une classe sans grandeur.
Mais, à défaut de la bourgeoisie, serait-ce donc à
moi de lui rappeler ici qu'il y a dans la société un
autre intérêt, un intérêt bien autrement considérable, un intérêt qui aura bientôt plus que tout
autre force et consistance, et qui, à coup sûr, se
prêterait mieux qu'aucun autre à toutes les grandes
choses, l'intérêt démocratique? Pourquoi dès lors la
royauté ne pourrait-elle pas se faire démocratique?

Le caractère aristocratique de la royauté serait-il
en ce qu'elle est héréditaire? Mais qu'a de commun l'hérédité royale avec l'hérédité aristocratique? La royauté fait-elle classe? La famille royale

fera-t-elle barrière dans la société? En quoi le privilége d'une seule famille porterait-il atteinte au principe social, au sentiment d'égalité? Et quant à cette objection singulière, tirée de la suppression de toute hérédité politique, qu'importe à l'hérédité royale de faire exception, puisqu'on l'a maintenue par des considérations à elle seule applicables? Comment serait-elle sous le coup des raisons qui ont condamné toute autre hérédité politique, puisque ces raisons n'ont aucun rapport avec celles sur lesquelles elle est fondée? Faut-il rappeler de telles choses à un publiciste comme M. Louis Blanc?

La vérité est que la royauté n'est, d'essence, ni aristocratique, ni bourgeoise, ni démocratique, et précisément, n'étant par elle-même rien de tout cela, elle peut être tout cela; elle n'a pas le moins du monde de caractère social, elle n'a qu'un caractère politique; comme la république, du reste, qui a été si souvent aristocratique, et que M. Louis Blanc lui-même, dans le dernier passage cité, reconnaît si bien n'être pas moins susceptible de servir la bourgeoisie que la démocratie. Socialement, la royauté se caractérisera par

la loi électorale et par la composition du parlement, si parlement il y a; et, à défaut de parlement, par la composition et l'intérêt de la classe
dans laquelle elle cherche et trouve son point
d'appui et sa force. Elle sera, comme tout pouvoir, pour tout ce qui favorisera, pour tout ce qui
assurera sa durée; elle voudra, comme tout pouvoir, se fortifier de toute la force de l'intérêt qu'elle
servira, et son intérêt évident sera de servir l'intérêt le plus fort; et, s'il n'est pas chimérique de
croire, ce que je désire tant pour mon compte,
qu'il doive enfin se faire un arrangement de la
société, un règlement de l'ordre social, d'où
résulte la disparition de tout antagonisme permanent des intérêts de classes, des grands intérêts
collectifs; d'où sorte, autrement dit, un intérêt
vraiment général, unique dans l'ordre social, un
intérêt vraiment commun à toutes les classes, par
le moyen de quelque principe de société appli-
cable également à toutes ces classes; et s'il est vrai
que le principe de la démocratie moderne doive
surtout prétendre à être ce principe; s'il est vrai
que la démocratie moderne doive surtout consister en ce que Rousseau appelle si bien l'universa-

lité d'objet dans la loi et dans le gouvernement ; s'il
est vrai que cette démocratie ne doive plus laisser
dans la société que ces oppositions accidentelles,
passagères, variables, conséquences des effets
divers d'un même événement sur les prétentions
diverses d'intérêts locaux ou très-partiels, ou ces
oppositions mobiles de sentiments et d'opinions,
que toute question contiendra toujours et qui se
partageront éternellement les sociétés : comment ne
pas concevoir que l'universalité d'objet dans la loi
et dans le gouvernement aurait pour résultat certain de garantir, en réalisant l'homogénéité dans
le corps social, la stabilité des institutions politiques, et dès lors comment imaginer que la
royauté ne sache pas se voir un jour ou l'autre,
dans une participation soutenue à une si grande
œuvre, l'avenir le plus grand et le plus glorieux ?

Quand donc l'intérêt démocratique devra prévaloir, ce qui revient à dire quand il désirera jus-
tement et parlera clairement, la royauté sera sans
doute la première à se faire démocratique, à se
donner, pour l'aider dans son œuvre démocratique, un parlement démocratique et un corps
électoral démocratique. Si, au lendemain de la ré-

volution de Juillet, la royauté a dû s'appuyer sur
la bourgeoisie, ç'a été par une politique forcée
et en cela profonde, qu'avec toute sa profondeur
M. Louis Blanc n'a pas même soupçonnée, lui qui
n'a pas même l'air de soupçonner quelle œuvre
ç'a été que le maintien de la paix ! Encore une
fois, on ne peut rien dire socialement de la royauté
en elle-même, de la royauté toute seule; on ne
saurait lui attribuer en propre aucun caractère
social. Voulez-vous, au contraire, que je vous
dise tout de suite quel sera le caractère social
d'une royauté, quelle sera sa tendance sociale?
Dites-moi de quel parlement elle est entourée, et
de quelle loi d'élection résulte ce parlement.

Si la royauté sait comprendre bientôt, et je
l'espère, et j'espère qu'à force de lui montrer combien ils désirent peu son renversement et même
son amoindrissement, les vrais amis de la démocratie sauront bientôt l'éclairer; si donc la royauté
sait bientôt comprendre qu'elle a tout à gagner
à servir énergiquement et grandement la démocratie, qui est-ce qui viendra proposer et saura
faire passer une réforme de la loi d'élection ? C'est
la royauté. Qui est-ce alors qui profitera de la

puissance de la royauté? C'est la démocratie.
Voilà. ce dont M. Louis Blanc peut se bien persuader.

Cela étant bien entendu, que la royauté n'ap-
porte par elle-même aucun obstacle à la démocratie, reste à savoir quelle est sa valeur de pouvoir
politique, quels sont ses mérites de gouvernement,
et si elle vaut ou ne vaut pas, pour servir la démocratie, une présidence républicaine. — Nous en-
trons dans les raisons d'ordre politique. — J'ai
admis que, si M. Louis Blanc avait eu la raison
d'ordre social contre la royauté, il eût été dispensé
de recourir aux considérations politiques, et que
je serais forcé moi-même d'abandonner cette sorte
de considérations. Mais M. Louis Blanc a voulu
joindre les preuves secondaires aux preuves décisives, et il attaque la royauté jusque dans le rôle
politique que lui font nos institutions. J'ai com-
battu les objections d'ordre social par des raisons
d'ordre social, et, si j'ai bien raisonné dans ma réfutation, je suis par cela même en droit, pour répondre aux objections politiques de M. Louis
Blanc, de faire valoir les titres et les qualités politiques de la royauté.

Vidons préalablement cette querelle de M. Duvergier de Hauranne et de M. Rœderer, dans laquelle M. Louis Blanc se fait un rôle si commode,
en donnant raison à chacun, l'un contre l'autre,
et tort à tous deux. Je lui représenterai d'abord
qu'il fait mal raisonner M. Duvergier de Hauranne
pour soutenir le parlement, et faiblement M. Rœderer pour soutenir la royauté. Je reprends, au
dernier passage cité, le raisonnement de M. Duvergier de Hauranne :

« Puisque les ministres ne sauraient gouverner
« sans majorité parlementaire, les ministres que
« nous voulons, la royauté les doit vouloir. »

J'en demande pardon à M. Louis Blanc, ou à
M. Duvergier de Hauranne, s'il accepte ce raisonnement, mais à ce commencement de phrase :
*Puisque les ministres ne sauraient gouverner sans
majorité parlementaire*, il n'y a que cette fin de
légitime : *les ministres dont nous ne voulons pas,
la royauté n'en doit plus vouloir*. Et c'est bien
différent, et dans cette différence de *nous voulons*
à *nous ne voulons pas* il y a tout une constitution.

Au lieu de s'écrier : Quoi ! le roi *nommerait*
les ministres, lorsqu'en réalité ce serait par la

Chambre qu'ils seraient *choisis et dominés?* voici,
selon moi, ce que M. Rœderer, correction faite du
raisonnement de M. Duvergier de Hauranne, aurait pu répliquer : Les ministres dont la Chambre
ne veut pas, la royauté, sauf à essayer d'abord du
droit de dissolution, n'en doit plus vouloir, nous
l'accordons formellement ; et c'est précisément la
raison, pour répondre en passant à d'autres adversaires que vous, pour laquelle il n'y a plus à
présent incompatibilité entre la royauté et le pouvoir électif ; car la royauté d'à présent reconnaît
ce contrôle du parlement et s'y soumet, à la différence de la royauté d'avant Juillet qui, se croyant
un droit supérieur à tout, ne reconnaissait pas ce
contrôle, ne voulait pas s'y soumettre, et que devait alors briser le parlement, s'il tenait à prévaloir. Mais de ce que le parlement a droit, de ce
qu'il est apte à contrôler, et cela suffit pour la prépondérance de son autorité, résulte-t-il qu'il ait
droit et soit apte à *choisir* et à *dominer* les ministres? De ce que la majorité a le droit de renver-
ser les ministres, résulte-t-il qu'elle doive et puisse
les désigner? Ne faites-vous donc pas de différence,
dans une assemblée, dans une personne collective,

entre l'aptitude à dire *je ne veux pas*, et l'aptitude
à dire *je veux?* Ne faites-vous donc pas de différence entre le çaractère d'une majorité négative et
le caractère d'une majorité positive? Et quand le
parlement est parfois si divisé lui-même, si frac-
tionné, qu'à vrai dire il n'y a plus en lui ni majorité ni minorité, mais une somme de minorités
pour majorité, et autant de chefs politiques que de
minorités, est-ce le parlement qui saurait dire ce
qu'il veut, qui saurait désigner les hommes de ses
préférences? Et quand la majorité, toute négative,
ne pourrait ni se connaître ni se désigner elle-
même, est-ce la majorité qui pourrait connaître et
désigner les ministres susceptibles de reformer une
majorité positive? Et quand, par le renouvelle-
ment de la Chambre élective, la majorité d'aujour-
d'hui contredit la majorité d'hier avec la chance
d'être contredite par celle de demain, est-ce la
majorité qui peut assurer, par un choix convenable de ministres, quelque suite dans les opinions
du parlement et dans les affaires, qui sera le lien
des opinions diverses, qui saura démêler jusque
dans leur diversité un point d'accord et un ensemble de politique, et qui garantira par ce haut

arbitrage une certaine continuation de toutes les
grandes idées du pays? Est-ce le parlement qui
empêchera que, dans le parlement, les opinions
ne se portent à l'extrême contradiction, ne se réduisent au *oui* et au *non*, et que leur triomphe al-
ternatif ne réduise le gouvernement, comme aux
États-Unis, comme dans toute république sans
aristocratie, à un mouvement de *va - et - vient*, à
une perpétuelle fluctuation, à une politique de
soubresaut, sans suite, sans liaison, sans aucun
enchaînement des systèmes successifs entre eux, et
ne consistant, pour la ruiner d'un mot, qu'à *faire*
et défaire! Vous ne l'oseriez pas dire, et si vous
reconnaissez que, ne pouvant être celles du parlement, ces hautes et salutaires attributions doivent
être celles de la royauté, qu'elles peuvent être
celles de la royauté, sans que le contrôle ou l'autorité dominante du parlement en souffre aucunement, ne chicanez donc pas petitement sur les conditions d'influence et d'activité politique que ces
attributions supposent dans la royauté; et vous,
qui êtes monarchistes, ne fournissez donc pas aux
ennemis de la royauté de ces arguments spécieux
et mal réfléchis, qui les autorisent à en demander

la suppression comme d'une machine à signatures, alors qu'en reconnaissant le contrôle ou l'autorité dominante du parlement, nous leur rendons impossible, nous, d'en retirer la considération publique comme d'une simple machine à voter les impôts.

C'est par cette façon de répondre que M. Louis Blanc aurait raison, avec M. Rœderer, contre M. Duvergier de Hauranne, sans pouvoir conclure du triomphe de M. Rœderer à la nécessité pour le parlement d'être réduit au simple rôle de voter l'impôt, et qu'il aurait tort avec M. Duvergier de Hauranne contre M. Rœderer, sans pouvoir conclure de la défaite du premier à la nécessité pour la royauté de trouver son pouvoir à réprimer, à maîtriser le pouvoir électif. En constatant ce résultat, je ne prends du reste parti ni pour ni contre la fameuse maxime : *Le roi règne et ne gouverne pas,* parce que j'avoue ne la pas comprendre, ou plutôt je prends parti contre, par cela même que je ne la comprends pas, par cela seul que ce mot de *régner,* employé pendant des siècles, en France, à désigner l'autorité la plus absolue, devant y servir précisément à désigner une

restriction d'autorité, m'empêche de la comprendre. C'est une de ces maximes commodes
dans une assemblée quelconque, dans les polémiques de presse, partout enfin où elles s'adressent
à une majorité d'esprits médiocres et favorables à
toute formule vague, dès qu'elle a pour elle le clin-
quant d'une antithèse, mais de ces maximes inca-
pables de soutenir un effort sérieux de réflexion.
Je suis sûr d'ailleurs que M. Thiers, qui a pu s'en
servir avantageusement avant d'avoir été ministre,
avant d'avoir eu à débattre pour son compte les
conditions de formation d'un cabinet, avant d'avoir
senti combien il était bon, dans ces sortes de dé-
bats, d'avoir à compter avec *un esprit et une vo-*
lonté fermes, n'enlèverait plus au sens du mot
régner la faculté pour le roi de choisir les ministres, d'intervenir dans la constitution d'un
cabinet. Voici, d'après quelques-uns des discours
les plus récents de M. Thiers, l'idée que j'ai pu
me faire de la manière dont les choses se passent
aux Tuileries, entre un chef politique et le roi, en
temps de crise ministérielle : les premières paroles
du chef politique, en entrant dans le cabinet royal,
seraient : « Sire, puisque vous m'avez fait l'honneur

« de désirer mon sentiment sur la situation, je viens
« vous déclarer franchement les conditions de gou-
« vernement, sans lesquelles je ne crois pas qu'on
« puisse avoir la majorité dans les Chambres. » Et le
chef politique de s'expliquer, et le roi de contester,
et l'aspirant ministre de répliquer, et le roi d'accepter ou de refuser. Si en cela j'imagine bien, si
M. Thiers maintenant fait tenir cela dans le mot
régner, je n'ai besoin de rien de plus que de la
maxime même, pour conclure à la grandeur et à
l'efficacité du rôle de roi constitutionnel.

Faisons maintenant suivre ces objections aux
objections de M. Louis Blanc, de quelque chose
qui prétende à mieux qu'à constater le vague et
la faiblesse de ses idées politiques.

Dans une société quelconque, démocratique
ou autre, il est indispensable d'avoir dans le gouvernement une constitution, une organisation de
l'esprit de suite, qu'il faut bien distinguer de l'esprit de conservation. Le parlement doit et peut
remplir ce grand rôle, de tenir sans cesse à la portée du pouvoir une expression élevée des besoins
et des vœux du pays, et dans ce mot de pays je
n'entends pas mettre à part ceux du grand

nombre, qui doivent au contraire devenir et seront
bientôt forcément l'objet dominant du gouvernement. Pour garantir cette prise en considération
des vœux et des besoins du pays par le gouvernement, il importe que le parlement ait le contrôle
suprême des actes du pouvoir, et que jamais il ne
se fasse rien contre son jugement. Mais le parlement, dans la France nouvelle, ni par une
Chambre des députés, ni par une Chambre des
pairs, ne saurait être capable de l'esprit de suite.
Aucune assemblée non aristocratique n'est capable de l'esprit de suite, qui de sa nature est
actif, positif, qui veut une force d'impulsion.
Tout y est trop divers ou trop mobile, et trop petitement rattaché à la chose publique. C'est en
vain que vous lui accorderez le droit d'initiative,
elle ne s'en servira pas et ne saurait s'en servir;
et l'usage qu'en fait notre Chambre des députés,
qui a tenu à l'avoir, le prouve assez. On peut bien
mettre dans une assemblée quelconque l'esprit de
conservation, qui, de sa nature, est passif, négatif,
qui ne veut qu'une force d'inertie; pour cela, il
n'est que de la rendre viagère comme notre
pairie; mais l'esprit de suite n'est possible dans

aucune assemblée qu'aristocratique. Dans une
telle assemblée, le rapprochement des mêmes intérêts et la continuation des mêmes situations as-
sureront la permanence d'une majorité compacté,
quoique variable au besoin, ainsi qu'une continuation des mêmes manières de sentir et de vouloir;
et il se fera une transmission certaine de toutes
les idées et de tous les plans de gouvernement,
selon ce que nous montre chaque jour si bien la
politique de l'Angleterre, et selon ce que disait
déjà Salluste de ces patriciens de Rome, dans
cette phrase si pleine quoique si courte : « *Quos*
« *omnes eadem cupere, eadem odisse, eadem*
« *metuere in unum coegit.* » Or, il est inadmis-
sible aujourd'hui que, dans un intérêt de gouvernement, on porte atteinte au principe de société ;
que, pour un bon arrangement de l'ordre politique, on permette un mauvais arrangement de l'ordre social. Ç'a été, au lendemain de la révolution
de Juillet, la méprise énorme des partisans d'une
pairie héréditaire, et désormais en France, je le
répète, il faut absolument renoncer à toute aristocratie, à toute assemblée aristocratique, et conséquemment à toute constitution de l'esprit de

suite par le moyen d'une assemblée, par le parlement. D'autre part, il est absolument impossible
de renoncer à l'esprit de suite. Comment se tirer
de là ? Voici ce que devient la question : il faut
que, en dehors du parlement, il y ait au gouvernement une de ces situations, un de ces intérêts,
dont la continuation assure, dans le gouvernement,
une voix et une représentation à tous les longs
projets et à toutes les hautes entreprises ; il faut
que, s'il arrive qu'un grand ministre, en tombant,
laisse inachevé au pouvoir quelque grand dessein,
d'un intérêt permanent et étranger aux causes de
sa chute, il puisse se produire une haute intervention, par laquelle ce dessein ait chance d'être relevé et maintenu jusque dans la politique du suc-
cesseur. Sera-ce dans un pouvoir électif, dans une
présidence républicaine, dans un pouvoir qui, par
l'élection, soit aux mains d'un parlement démocratique, que vous aurez cela ? Est-il permis d'y penser
un instant ? Évidemment ce serait rêver ce qu'il y a
de plus impossible, du moins avec les inventions
politiques connues jusqu'à ce jour. Il ne faut que
lire quelques messages de présidents des États-Unis
pour s'en convaincre. Mais en dehors de cela, que

reste-t-il ? Songez qu'il s'agit d'un pouvoir qui ne
fasse pas classe, d'un pouvoir personnel par conséquent. Il ne reste qu'un moyen : c'est de chercher
l'esprit de suite dans un pouvoir héréditaire, mais si
exceptionnel, qu'il ne porte nullement atteinte au
principe de société, et c'est dire dans une royauté,
dans une famille unique, où la continuation de la
même situation et du même intérêt ne sera plus en
effet qu'une garantie de tradition dans la politique ;
et, pour que la royauté rende ce grand service à la
constitution, il ne faut rien demander de plus pour
elle que le choix des ministres, sous le contrôle toujours respecté du parlement. Cela nous ramène aux
rapports de pouvoirs qui se feront entre une royauté
ainsi entendue et le parlement, et l'on voit combien
ils deviennent simples et naturels. Il résultera
précisément de ce caractère de la royauté, qu'elle
et le parlement seront les représentations différentes, mais parfaitement compatibles, de deux
qualités différentes, mais également nécessaires du
pouvoir : l'une, qui est le sentiment des besoins et
des vœux du pays, et l'autre, qui est cet esprit de
continuation, par lequel on rattache les mesures à
prendre actuellement, pour la satisfaction de ces

besoins et de ces vœux, à un ensemble de politique, à un ensemble de mesures déjà prises, et à
un ensemble de prévisions sur des mesures à
prendre, sans lequel ensemble il ne pourrait y
avoir ni unité, ni force, ni grandeur dans ce qu'en-
treprend un gouvernement. Il en résultera encore, la royauté devant procurer à la démocratie
une force d'exécution, de réalisation des idées
démocratiques dont ne saurait être doué le parlement, à la condition pour ce dernier de bien renseigner la royauté sur ce qui doit servir la démocratie, que la royauté, au lieu de contrarier le
parlement, le complétera, comme à son tour elle
se complétera par lui, pour le meilleur service de
la démocratie ; et que c'est par leur accord que
pourra le mieux se réaliser enfin, l'union si désirée
et si désirable de l'esprit de conservation et de l'esprit de progrès, dans l'esprit de suite ou de continuation, dont il serait si heureux que le parti de la
royauté fît désormais sa devise et sa dénomination
en s'appelant le parti *continuateur*.

Après ces considérations, j'ai beau jeu pour contester à M. Louis Blanc son exception et son point
de vue nouveau ; car il sort évidemment de tout

cela que, le gouvernement anglais reposant sur une
forte et puissante aristocratie, la royauté, au lieu
d'être plus rationnelle en Angleterre qu'ailleurs,
ne saurait y être précisément qu'une fonction de
parade, qu'un mannequin, et je dirai qu'un vain
symbole, bien que je répugne à me servir de ce mot
de symbole, cher à M. Louis Blanc, et sous lequel
il est si facile d'exprimer vaguement une idée vaguement saisie. Voyez comme les esprits diffèrent! c'est par la raison même que M. Louis Blanc
invoque au profit de la royauté anglaise, que je ne
vois à cette royauté aucune raison d'exister, et c'est
dans son caractère même de symbole, puisque symbole il y a, que je trouve le plus fort argument qui
puisse en autoriser la suppression. Le profit que
trouve l'aristocratie anglaise à la respecter comme
tradition, ne saurait lui servir de titre aux yeux de
M. Louis Blanc. Que signifie-t-elle, que représente-
t-elle, que fait-elle, que l'aristocratie ne puisse faire
sans elle, comme faisait tant de choses sans
royauté l'aristocratie romaine? Être symbole, c'est
n'être rien, absolument rien, et ne peut excuser
d'être inutile, de ne rien faire ; et qu'on remarque
en passant l'effet de cette observation, qui est de

prouver que notre royauté n'est pas une copie de celle d'Angleterre. En face d'une aristocratie parlementaire ou organisée, la royauté ne peut manquer d'être effacée, annulée. Les rois de France l'ont toujours admirablement compris. L'aristocratie est l'ennemie forcée de la royauté, dès qu'elle est autre que militaire, et partout ailleurs que sur les champs de bataille, où elle aide la royauté à maintenir la conquête pour en maintenir les suites. Aussi ne craindrais-je pas d'avancer que, dès que l'aristocratie anglaise sera renversée, la royauté anglaise devra changer et changera de caractère à son grand avantage, tant sera naturelle au contraire l'alliance entre la royauté et la démocratie.

Semblable alliance en France, pressentie maintenant par les meilleurs esprits, après avoir été regardée si longtemps comme impossible, vaudrait certes qu'on y pensât; car elle aurait une bien autre portée que cette manie de régénération par des vieilleries, qu'on nous donne comme de l'audace, et qui n'est que de l'impuissance; et, si M. Louis Blanc tenait à un parti plutôt par les idées que par situation, j'appellerais à mon tour

toute son attention sur cette idée, qui, se cachant
d'abord dans la doctrine de Mirabeau sur la
royauté, s'annonçant vaguement plus tard dans
un travail de M. Guizot sur la démocratie moderne, devenant un peu plus nette dans son introduction à la vie de Washington, et plus nette
encore dans son discours sur la récente loi de
régence, a fini par s'emparer de toute la pensée
et de toute l'éloquence de M. de Lamartine, après
avoir saisi depuis plusieurs années déjà, par son
côté pratique, l'esprit si pénétrant de M. E. de
Girardin ; et qui, préoccupant aussi quelques éco-
nomistes et même quelques socialistes distingués,
comme MM. Blanqui, Michel Chevalier, Victor
Considérant, leur laisse entrevoir un accord possible de leurs désirs d'améliorations avec les intérêts du pouvoir, et conséquemment la meilleure
et la plus sûre chance de réalisation, pour beaucoup de réformes importantes, dans l'assistance
même du gouvernement actuel, enfin rassuré sur
les suites de sa participation à l'œuvre démocratique de notre époque. Et vraiment, que devrait
faire à M. Louis Blanc que cette théorie de la
royauté donnât tort à la république, pourvu qu'elle

donnât raison à la démocratie? Que devrait lui
coûter de sacrifier une vieille erreur sur ce qui
est le moyen, à l'intérêt de ce qui est le but? Si
j'avais à en juger par ce que je sens, je sais bien que
si, malgré tout ce qu'il y a d'inclination person-
nelle dans mon attachement à la royauté de Juillet,
j'eusse trouvé, à bien regarder le fond des choses,
que la république dût mieux servir la démocratie,
qu'elle dût en appliquer avec plus de vérité, plus
d'autorité, plus de force et surtout avec plus de suite
le principe de justice ; je sais bien que je serais fon-
cièrement et fermement républicain, et que, sans
jamais protester par l'émeute, je ne cesserais de
protester, de toutes les facultés que me laisserait
la loi, contre ce que je regarderais comme la con-
sécration constitutionnelle d'une erreur fonda-
mentale. Ce n'est pas d'être républicain que j'en
veux à M. Louis Blanc, c'est de l'être légèrement
et faiblement, avec des idées vagues et hâtives.
Selon moi, c'est par les raisons mêmes qui le
font républicain qu'il devrait cesser de l'être ; et je
présumerais volontiers qu'intérieurement il le reconnaîtra bientôt, et que, n'ayant plus à protester
contre la royauté en général, il se gardera seule-

ment cette réponse, qu'en fait, il ne croit pas au bon
vouloir de la royauté actuelle pour la démocratie.
Eh bien, de cette réponse même, je lui ferais
une objection ; je la lui imputerais à tort , et je lui
dirais : que ce n'est pas dans un roi qu'il faut
condamner la royauté, et qu'à s'élever ainsi d'une
façon absolue contre une forme de pouvoir ,
parce qu'elle serait une entrave dans le présent,
on ferait l'œuvre, non d'un penseur distingué ,
d'un publiciste pénétrant, mais d'un homme de
parti écrasé du poids de l'actualité. Ne faut-il
pas du temps à tout pouvoir pour se connaître , à
tout intérêt pour se comprendre , à toute situation
pour se caractériser, et la tradition se compo-
se-t-elle d'autre chose que d'expérience et de
durée ? Est-ce que Hugues Capet se doutait de
Louis le Gros ? Est-ce que la politique réservée
de Louis le Gros a empêché la ferme politique de
Louis XI ? Et Louis XI, s'il avait prévu Louis XIV,
avait-il prévu la Constituante ? Pourquoi donc
Louis-Philippe engagerait-il le comte de Paris , et
les enfants du comte de Paris ? Et s'il venait à être
reconnu, comme je suis si porté à le croire ,
qu'attendre au besoin le troisième règne de la

.dynastie, serait encore une manière plus sûre
d'avancer les affaires de la démocratie que d'in-
staller immédiatement la république; que pourrait
dire M. Louis Blanc, quand on lui reprocherait
quelque jour de s'être ainsi mépris sur les vrais
intérêts de la cause, à laquelle appartiennent toutes
ses facultés et tous ses efforts ? Et quels reproches
surtout n'aurait-il pas à se faire lui-même, s'il
n'avait persisté dans une telle erreur que par des
scrupules d'amour-propre, alors qu'il s'agissait
ainsi de son but, du grand but de sa pensée et de
sa vie ? Car, encore une fois, la démocratie n'est-
elle pas le but, et la république ne serait-elle pas
seulement le moyen ; et, avant de vouloir la république, ne doit-on pas vouloir la démocratie?
Et, s'il était vrai que, dans sa moderne et vraie
notion de justice sociale, la démocratie fût plutôt
une affaire de législation civile que de constitution
politique ; s'il était vrai qu'il y eût, dans la moindre application du principe démocratique à l'ordre
social par la loi civile, de quoi fournir plus de
réelles conséquences aux idées de liberté, d'égalité
et d'équité, dont le siècle et sa civilisation ont
besoin, que dans toutes ces théories plus qu'aven-

tureuses de l'ordre politique, avec lesquelles les
républicains voudraient tant se donner comme les
représentants exclusifs de la démocratie; s'il était
vrai, conséquemment, que la république ne fût
aucunement nécessaire à faire produire à la démocratie ses meilleurs effets sur la condition
sociale de l'homme; et s'il était même établi que
la république dût plutôt compromettre que servir
bien la démocratie, et que, dès à présent, les républicains eussent envers la démocratie le tort d'en-
traver une idée qui, expliquant la royauté actuelle
par la démocratie même, et constituant de la sorte
l'unité de nos institutions, dispenserait ainsi de
recourir à de nouvelles révolutions pour faire entrer les grandes questions de l'époque dans la
pratique du gouvernement, et pourrait par suite
en avancer si considérablement les solutions légis-
latives ou administratives : ne serait-ce pas un devoir, pour les vrais amis de la démocratie, que
de lui sacrifier à jamais l'école républicaine, avec
toutes ses vieilles chimères, avec toutes ses doctrines écourtées de gouvernement, avec tous ses
principes si ennemis de la puissance d'exécution,
quand elle rêve une grande liberté, ou si ennemis

de la liberté, quand elle rêve un fort pouvoir ; et
n'auraient-ils pas, au contraire, à désirer qu'enfin,
prenant confiance en son avenir, la royauté , par
cette défaite même de ses adversaires, apprît ce
qu'elle doit être et pût l'être, que la démocratie
eût enfin pour elle les forces d'un gouvernement
doué d'esprit de suite, et qu'il se donnât enfin à
l'Europe l'exemple d'un peuple d'égalité réconci-
lié avec le principe d'autorité ?

J'ai donné quelque développement à cette critique des idées de gouvernement de M. Louis
Blanc, parce que, d'abord, il n'y a rien de fai-
sable, en améliorations sociales, sans une bonne
combinaison des forces de gouvernement , et
parce que, si peu solides que soient les idées politiques de M. Louis Blanc, elles sont encore plus
saisissables que ses idées sociales. — Allons tout
droit aussi, pour l'examen de ces dernières, à la
question capitale et aux assertions les plus répé-
tées. —Selon lui, c'est la concurrence qui est le
fait dominant et à la fois le vice radical de l'ordre
social ; c'est à la concurrence, au principe du
laissez-faire, qu'il attribue la chute de l'empire ;
c'est à la puissance résultant pour la bourgeoisie

de ce principe, qu'il attribue la chûte de la restauration ; c'est aux suites désastreuses de ce principe pour le peuple, qu'il attribue tous les embarras du gouvernement de Juillet, tous ces désordres dont il déroule l'effrayant tableau, dans le tome III, en tête du chapitre III qu'il consacre à l'exposition des doctrines saint-simoniennes. Je pourrais, comme en politique, commencer par le mettre en contradiction avec lui-même, par montrer, dans cette masse d'effets désastreux qu'il fait sortir de la concurrence, des effets contradictoires, et, par exemple, l'effet d'abaisser le niveau des fortunes immobilières, à la page 306 du tome II, et l'effet de reconstituer la propriété féodale, à la page 94 du tome III. Mais encore ici cela ne ferait preuve que contre lui, et je vais essayer, non sans en prendre occasion de réduire la question, aujourd'hui si débattue pour être encore si peu éclaircie, à ses données précises et à ses vraies difficultés, de prouver rapidement contre ses idées si générales et si vagues : que, faute encore d'avoir assez approfondi cette question pour arriver aux distinctions nécessaires, il condamne, sous le même nom de concurrence, des faits éco-

nomiques très-divers ; qu'il fait toujours de la
concurrence une cause première, quand elle ne
saurait jamais être, même dans sa manière de
l'entendre, qu'une cause secondaire ; qu'ainsi, à
supposer vrai tout le mal attribué par lui à la
concurrence, il aurait encore le tort d'attaquer le
mal dans les conséquences, au lieu de l'attaquer
à la source même ; mais que, méconnaissant le
véritable caractère de la concurrence, il en mé-
connaît les véritables effets ; qu'il n'en voit pas
les bons ; qu'il en exagère les mauvais ; et qu'enfin,
dans ce qu'il propose contre elle, ses conceptions, ou ne seraient pas efficaces, ou sont de
celles, dont le bien ne se voit que dans des qualités de l'homme inconnues et hypothétiques, et
dont le mal se voit dans des inconvénients de nature à effrayer tous les esprits.

Reconnaissons d'abord, avec M. Louis Blanc
lui-même, que la lutte industrielle se présente
sous un triple aspect : lutte du travail contre le
travail ; lutte du capital contre le capital, et lutte
du capital contre le travail.

Mais voyons s'il s'agit dans les trois cas d'un
même fait, d'un même principe, d'une même

sorte d'effets. Je dis que non, et, en justifiant ma négation, j'aurai l'occasion de justifier toutes mes autres assertions.

Que suppose la lutte du travail contre le travail, des ouvriers entre eux ?

Elle suppose, ou que certaines industries ont trop de bras, pendant que d'autres en manquent; ou que certains ateliers d'une même industrie sont fermés, pendant que d'autres fonctionnent; ou que, par des raisons quelconques, certaines industries offrent beaucoup plus d'avantages que d'autres à la main-d'œuvre. Il y a, pour tromper les calculs de la production et réaliser ces suppositions, mille éventualités, mille accidents, mille complications de la politique, mille revirements des habitudes de consommation, très-divers dans leurs causes, très-variables dans leurs effets, impossibles à énumérer, le plus souvent impossibles à prévoir, toujours impossibles à régulariser, et dont les incertitudes, inséparables de l'industrie, lui font cette nature essentiellement aléatoire, par laquelle elle se caractérise dans les défiances populaires. Mais, quelle que soit la raison première du fait, il est

impossible de concevoir que des ouvriers en viennent à se disputer l'ouvrage sans l'une de ces circonstances.

Que résulte-t-il de là ?

Il en résulte d'abord que la lutte entre ouvriers,
si elle est un mal, n'est jamais que la suite d'une
situation industrielle donnée; qu'elle est à cette
situation ce que l'effet est à la cause ; qu'avant
d'être dans l'effet le mal est dans la cause; et
qu'avant de l'attaquer dans la lutte, il faudrait,
si toutefois c'était possible, l'attaquer dans la situation dont cette lutte est la conséquence forcée.

Que va-t-il résulter de la lutte ainsi rattachée
aux circonstances de son origine?

Avant que la lutte se produisît, il y avait des
ouvriers non occupés ou mal rétribués, à côté
d'ouvriers occupés ou bien rétribués; il y avait
des ouvriers souffrant exclusivement de ce que
la situation avait de fâcheux, et d'autres profi-
tant exclusivement de ce qu'elle avait d'avantageux. Les premiers veulent changer cela. Ils
s'offrent en place des autres à des conditions
moins hautes de salaire.

Voilà le fait de concurrence. Il est là tout

entier. C'est là que, pour en bien apprécier les suites, il faut en saisir le caractère, en constater le principe.

Le caractère de cette lutte entre ouvriers, son caractère essentiel, ce qui doit déterminer sa qualification même, c'est de se passer d'ouvrier à ouvrier, d'égal à égal, de ne rien supposer d'un côté qui ne soit de l'autre; pas un droit de l'un qui ne soit celui de l'autre; pas une prétention de l'un que ne puisse élever l'autre : cela, cela seul est le fond de cette lutte ; cela seul peut s'appeler la concurrence entre ouvriers. C'est la qualité commune de travailleur qui fait ici le droit commun, malgré de nombreuses différences de force, d'adresse ou d'activité, comme, dans une Constitution, c'est la seule qualité d'homme qui détermine les *droits de l'homme,* malgré l'infinie diversité des qualités individuelles, et comme, en toute règle, c'est seulement en vertu d'un rapport général et par ce qu'elles ont de commun, qu'on peut comprendre dans une même disposition une pluralité de choses ou de personnes. Ainsi, la concurrence, qu'on le remarque bien, n'est qu'accessoirement du *laissez-*

faire, de la liberté. Avant tout et par son principe, c'est du droit commun, c'est de l'égalité. Ici, c'est l'égalité dans le travail.

Suivons maintenant la lutte dans ses consé-quences. Voilà donc que certains ouvriers, pour avoir de l'emploi, s'offrent en place d'autres à des conditions moins hautes de salaire : qu'en pour-rait-il arriver de pire ? Un intervertissement de po-sition entre les ouvriers : le pire ne serait jamais que cela. C'est dire que les choses redeviendraient, d'une part, ce qu'elles étaient auparavant ; qu'il y aurait encore des ouvriers sans emploi à côté d'ou-vriers ayant de l'emploi ; des ouvriers que la crise priverait de ressources à côté d'ouvriers auxquels elle en laisserait ; avec cette différence, d'autre part, que certains producteurs gagneraient à ce déplacement sur leurs frais de main-d'œuvre, que certaines marchandises en baisseraient de prix, et qu'il se ferait, sur la consommation ainsi modi-fiée, des épargnes profitables aux autres industries, et destinées à rentrer bientôt dans la production sous toutes les formes, pour offrir partout au tra-vail de nouveaux aliments.

Mais qui ne voit que le plus souvent cette lutte

10

entre ouvriers ne sera qu'une manière, par la réduction des salaires, de rendre possible, sans dé-
placer les uns, l'emploi des autres; d'étendre à
tous ainsi les avantages et les désavantages de la
situation; de répartir entre tous les gains du travail et les pertes du chômage; ou bien, en rejetant
le trop-plein de certaines industries dans d'autres,
d'associer la main-d'œuvre aux progrès des industries nouvelles autant qu'à la ruine des industries
discréditées; d'assurer une distribution meilleure
et plus avantageuse du travail par la mobilité du
travailleur; d'établir une sorte de niveau entre les
industries diverses, et par suite une véritable solidarité entre tous les ouvriers?

Tout sans doute ne se passera pas, dans les
faits, avec cette suite, avec cette régularité du raisonnement, avec ce rapport logique de la cause
aux effets et des effets entre eux. Il y aura de l'imprévu, du désordonné; il y aura le *temps* qui n'est
pas nécessaire à l'esprit pour ses déductions, et
qui sera nécessaire à l'ouvrier délaissé par un atelier pour rentrer dans un autre; il y aura surtout
la difficulté de connaître ou de bien apprécier
l'ensemble de la situation; et, par exemple, il

arrivera souvent que des fabricants, ayant besoin
d'ouvriers, ne sachent pas où l'on aurait besoin
d'ouvrage, et, réciproquement, que des ouvriers,
ayant besoin d'ouvrage, ne sachent pas où l'on
aurait besoin de leurs bras. Il résultera de tant de
déplacements, de lenteurs et d'incertitudes, bien
des embarras individuels, bien de la détresse, bien
d'affreuses misères, qui le peut nier, et qui peut
méconnaître qu'un des plus grands soucis du gou
vernement doive être de restreindre à ce qu'elles
ont d'inévitablement calamiteux les crises de l'industrie? Mais encore la volonté de bien faire ne
dispenserait-elle pas de bien comprendre ce qui
est à faire, et de savoir distinguer ce qui est possible de ce qui est impraticable.

S'il est à craindre, et cela ne peut arriver que
très-exceptionnellement, car l'abus trouverait ici
son correctif dans la rivalité des capitalistes, s'il
est à craindre que, dans ces conflits d'ouvriers,
le maître ou le fabricant ne rende parfois son
intervention oppressive, et qu'en se donnant le
bénéfice du temps, il ne fasse trop sentir à l'ouvrier le terrible argument de la nécessité; s'il est
à craindre que parfois il ne prolonge la lutte par

calcul, et n'entretienne la division entre les ouvriers pour profiter de leur isolement et de leur
faiblesse, et dicter la loi despotiquement ; cela
n'est plus le fait de la concurrence, cela n'a plus
rien de commun avec son principe d'égalité, cela
n'est plus une affaire d'ouvrier à ouvrier; cela dépend d'un tout autre ordre de relations, d'un tout
autre ordre d'idées ; cela tient uniquement à ce
que le fabricant a des ressources, et à ce que l'ouvrier n'en a pas ; à ce que le fabricant peut attendre, et à ce que le pauvre ouvrier ne le peut pas :
c'est l'éternel désavantage du faible dans ses rapports avec le puissant; et ce qui fait au maître et
à l'ouvrier cette situation respective de puissant
et de faible, cela tient à quelque chose qui ne se
peut changer sans une profonde perturbation de
tout l'ordre social, sans un bouleversement radical de toutes les sociétés existantes, car c'est la
propriété.

Mais quant à tous ces embarras, à toutes ces
gênes, à toutes ces misères temporaires qui pro-
viennent vraiment de la lutte, et qui sont l'effet
de ce qu'il y a d'ignorance, d'imprévoyance et de
confusion, dans tous ces changements, dans tous

ces déplacements, dans toutes ces complications que produisent dans l'emploi de la main-d'œuvre les crises industrielles, il serait souvent possible d'y obvier efficacement, et c'est l'affaire du gouvernement de pourvoir à cela, en prenant le plus grand soin de renseigner l'industrie sur tout ce qu'il a le devoir et la possibilité de savoir de ce qui la concerne ; en instituant au besoin un conseil permanent de l'industrie, par l'intermédiaire duquel il donnerait des directions d'ensemble à la production, et la ferait profiter de tout ce que la politique et la science économique peuvent comprendre ou prévoir; en organisant une publicité officielle pour tout ce qui a besoin d'être connu ; en soumettant à des mesures d'ordre tout ce qui est susceptible d'être régularisé ; en combinant un système de travaux publics, qui tienne toujours quelque expédient en réserve contre les éventualités calamiteuses pour la main-d'œuvre; et surtout en aidant les mœurs industrielles, si loin encore d'être conformes à l'état actuel des sociétés, à se développer et à se façonner aux exigences nouvelles de la civilisation; et qui ne voit combien, avec un peu d'impulsion de la

part du pouvoir, avec un peu d'assistance de
la part de la loi, il serait facile, en beaucoup de
points, de faire sortir du principe même de la
concurrence le correctif de ses désordres momen-
tanés? Mais qui ne voit en même temps que le
moyen est mauvais, pour intéresser le gouvernement, ce grand *réalisateur*, aux améliorations
importantes, de vouloir sans cesse lui susciter des
difficultés avec l'Europe, et de faire de toute question soulevée une occasion de mettre en question
le gouvernement lui-même?

Que suppose la lutte du capital contre le capital,
des producteurs entre eux?

Elle suppose ou que la production est forcée
de s'arrêter dans certaines industries, pendant
qu'elle s'accroît dans d'autres, ou que la production offre de plus grands ou de plus sûrs profits
aux capitaux dans certaines industries que dans
d'autres. Tous les capitaux de roulement, tous
les capitaux mobiles se portent alors vers la production la plus avantageuse. Il est impossible de
concevoir ce mouvement des capitaux, cette lutte,
qu'avec cette supposition de certaines industries
en progrès et de certaines industries en décadence.

Ici encore, les capitaux se trouvent en présence
d'une certaine situation industrielle qui n'est point
le fait de leur lutte, mais qui, au contraire, précède cette lutte, qui la détermine, et lui donne
encore le caractère de fait secondaire, de conséquence. Il faut toujours en revenir là.

A suivre la lutte entre les capitalistes comme
nous l'avons suivie entre les ouvriers, on arrive-
rait aux mêmes conclusions, tant sur le caractère et le principe que sur les effets de la lutte.
Pourquoi l'argent de l'un ne porterait-il pas son
intérêt aussi bien que celui de l'autre? Pourquoi
le capital disponible de l'un ne chercherait-il pas
son profit aussi bien que le capital déjà converti
en fabrique de l'autre? Pourquoi la machine nouvelle de l'un n'aurait-elle pas sa part dans les bé-
néfices de la production comme les vieux instru-
ments de l'autre? Comment concevoir que les
capitaux ne fussent pas entre eux sur le pied de
l'égalité? En quoi, sans compter l'intérêt du con-
sommateur ici encore si favorisé, sans compter ce
grand résultat, d'une portée si longue, de la baisse
incessante du *taux* de l'argent, en quoi serait-il

mauvais que la part de l'un diminuât pour que
l'autre se pût faire une part? La lutte n'est-elle
pas un moyen de répartir entre tous les capitaux
les profits et les non-valeurs, comme nous avons
vu plus haut qu'elle était un moyen d'étendre à
tous les ouvriers les gains du travail et les pertes
du chômage? N'établit-elle pas entre les capitalistes
cette solidarité qu'on désire tant, comme elle
l'établit entre les travailleurs? S'il faut reconnaître
que cent mille francs employés *ensemble* peuvent
plus que cent mille francs employés *séparément*,
la question n'est donc plus que d'opérer la réunion
des cent mille francs épars pour les remettre sur le
pied de l'égalité? La question n'est donc plus que
de favoriser de toutes les manières et sous toutes
les formes l'association des petits capitaux, que
de façonner l'argent lui-même aux exigences du
principe démocratique? Combien de ces grands
établissements déjà, qu'on accuse d'une conspi-
ration permanente contre les petits capitaux, ne
sont pas autre chose que le triomphe de l'association! Ici encore les mœurs industrielles ont à
se faire; ici encore un peu d'impulsion de la part

du gouvernement, un peu d'assistance de la part
de la loi, avancera de beaucoup cette sorte d'édu-
cation de l'industrie; mais ici encore, pour aller
vite, pour servir efficacement la démocratie, il
faut plutôt aider le gouvernement que l'entra-
ver; il faut plutôt étudier, penser avec lui et pour
lui, qu'étudier, penser loin de lui et contre lui ;
parce qu'ici encore la lutte est de la vraie concurrence, de la véritable égalité. C'est l'égalité dans
le capital.

J'arrive à la lutte du capital contre le travail,
et c'est le moment de signaler la confusion d'idées
que je reproche à M. Louis Blanc.

A quoi tient la lutte du capital contre le travail?

Regardez-y bien. Elle tient uniquement à ce
que le capital et le travail ont à faire valoir simul-
tanément, dans la production, des droits de nature toute différente, dérivant de principes tout
différents ; elle tient à ce que le capital veut avoir
sa part dans la production, sous le nom de profit
ou d'intérêt, en même temps que le travail veut
y avoir la sienne, sous le nom de salaire; et la
machine, c'est le capital qui, pour assurer ou
pour augmenter sa part, cherche à remplacer

l'ouvrier dans la sienne, en le remplaçant autant
que possible dans l'office de la production. Cette
lutte suppose donc le droit du capital à un profit, à un intérêt, à une part qui lui soit propre,
comme le salaire l'est au travail. Elle suppose donc
ce droit du capital reconnu, consacré par la loi ;
elle a donc sa cause dans la loi où le capital prend
son droit ; elle n'est donc que la conséquence du
régime actuel de la propriété.

N'est-il pas évident dès lors que la lutte entre
la machine et l'ouvrier n'a plus le même caractère
que dans les deux premiers cas ; qu'elle ne se
passe plus d'égal à égal ; qu'il n'y a plus des deux
côtés le même droit, la même prétention à faire
valoir ; que, les deux termes n'étant plus homo-
gènes, rien n'existe plus entre le capital et le travail de ce qui fonde l'égalité ; que leur lutte n'a
donc plus sa raison dans ce principe d'égalité par lequel se caractérise la concurrence, qui est toute la
concurrence ; que, si les deux premiers ordres de
faits sont de la concurrence, le troisième n'en est
plus ; et qu'ainsi, tout ce que dit M. Louis Blanc à
l'effet de condamner d'un même coup, sous le
même nom de concurrence, les trois ordres de faits,

ou ne s'applique pas aux deux premiers, ou ne
s'applique pas au troisième?

A ne la considérer qu'entre la machine et l'ouvrier exclus par elle de la fabrication, rien n'est
plus funeste, je le reconnais, que cette lutte du
capital et du travail. Contre la machine, l'ouvrier
est impuissant, il est sans défense, il sera toujours
vaincu; et, même à établir une assimilation d'utilité, cela serre le cœur de penser que le droit de la
machine inanimée l'emporte ainsi sur le droit de
la *machine vivante,* et que la part de l'*homme*
puisse être ainsi sacrifiée à celle de l'*argent.* Mais si
c'est avec ce sentiment qu'il faut juger des obliga-
tions qu'impose à la société cette première et fâ-
cheuse influence des machines, c'est avec la réflexion qu'il faut apprécier la véritable portée de
leur intervention dans l'industrie, et la réflexion ne
tient pas seulement compte des effets directs et
immédiats. Sans doute, je le répète, une machine
nouvelle ne sera pas sans occasionner d'abord de
désastreux bouleversements. Ce sera, pour les
conséquences, comme une augmentation sou-
daine de la population ouvrière, ou plutôt comme
un envahissement de certains ateliers par des ou-

vriers étrangers, qui viendraient, sur un mot du
maître, en chasser brutalement les anciens. Cela
donnera lieu, avec plus d'imprévu encore et moins
de ménagements, aux mêmes embarras, aux mêmes
perturbations, aux mêmes misères, que cette confusion et ce défaut de direction dont j'ai parlé à
propos de la concurrence entre ouvriers ; et il
faudra que le gouvernement y pourvoie de la
même manière, avec le même soin, et avec plus de
soin encore, à raison de ce qu'il y a de plus imprévu
dans l'apparition des machines, et de plus intrai-
table dans leurs prétentions. Mais si l'on ne se
borne pas aux effets directs et immédiats, si l'on
porte son regard plus loin, et si l'on suit l'influence
des machines dans les relations des divers ordres
de production entre eux , on verra que les machines ne sauraient exclure les ouvriers d'une fabrication, sans donner une extension considérable à
cette fabrication, et sans nécessiter par conséquent
un emploi beaucoup plus considérable de matière
première ; qu'ainsi elles n'enlèvent rien au travail
de la fabrication, sans le rendre largement au travail producteur des matières premières ; qu'à la
vérité, cette compensation à présent ne se fait pas

toujours au profit du travail national; mais qu'il
serait assez facile de concevoir une intervention
du gouvernement dont l'effet serait, au moyen
d'établissements agricoles dirigés à cette fin et
qu'il favoriserait habilement, de régulariser une
transposition d'ouvriers, qui rendrait à l'agriculture nationale, conformément aux besoins nouveaux de l'industrie, tous les bras que les machines enlèveraient à la fabrication; on verra qu'en
général même, s'il n'est pas vrai qu'une augmentation de la production corresponde directement
à une répartition des produits plus avantageuse à
l'ouvrier, les machines donnent du moins, en
multipliant les produits, une telle impulsion à
l'activité humaine, qu'elles élargissent tellement
le champ du commerce, qu'elles fournissent à
l'artisan tant d'objets de plus à façonner pour la
consommation, et déterminent même, sur une
matière si considérablement accrue, tant de nouvelles applications du travail, que leur dernier
résultat serait certes plutôt d'ajouter que de retrancher aux ressources des existences laborieuses,
et que souvent encore le gouvernement, par de
bonnes directions de l'esprit de spéculation et

d'association, et en ne laissant jamais fonctionner
une machine nouvelle qu'il n'eût provoqué, sur
ses effets probables et possibles, l'opinion d'un
conseil hautement compétent, pourrait assurer
au travail national tout le bénéfice des effets di-
versement avantageux de cette machine ; on reconnaîtra enfin que, liées aux progrès des sciences
qu'elles stimulent par l'appât du gain, et qui souvent ne s'expliqueraient pas sans cette vulgaire
considération de l'intérêt matériel, les machines
n'apportent pour un temps la misère dans quelques ateliers, qu'en affranchissant à jamais
l'homme des travaux les plus pénibles, et de
beaucoup de travaux dégradants ; et même, si
l'on considère quels embarras prépare aux industries fondées sur la fabrication de matières premières étrangères, la tendance chaque jour plus
prononcée à mettre ces matières en œuvre sur le
sol même qui les produit, on inclinera volontiers
à penser que les machines, en cela semblables à
tout ce qui a puissamment transformé le monde,
accomplissent peut-être, malgré tant de clameurs,
la mission encore mal devinée de pourvoir à quelque secrète nécessité de la civilisation moderne,

aux fins de laquelle il devrait servir, par une suite d'effets corrélatifs, de ramener l'ouvrier, dans chaque pays, au travail toujours assuré de la production des matières premières sur le sol national lui-même; de rendre pour base à l'industrie, dans chaque pays, la fabrication toujours assurée des matières premières tirées du sol national; de rejeter ainsi dans l'agriculture les capitaux détournés des fabrications compromises; et, par cette association étroite de l'agriculture et de l'industrie nationales, de réaliser chez chaque peuple la distribution à la fois la plus naturelle et la plus régulière du travail.

Après ces considérations sur les machines, s'il y avait encore à prouver combien les luttes de l'industrie sont loin d'avoir la funeste portée que leur attribue M. Louis Blanc, et qui n'irait pas à moins, selon lui, qu'à compromettre l'ordre social tout entier, il suffirait de faire d'une façon générale la remarque qu'elles laissent en dehors de leurs fâcheuses conséquences toutes les populations agricoles, et, dans les villes mêmes, toute cette classe nombreuse d'ouvriers occupés à tous ces arts et métiers, dont la main et l'adresse de l'artisan sont la condition indispensable ; et c'est dire l'immense majorité de la classe ouvrière et de la nation.

Ai-je besoin maintenant d'autre chose que de renvoyer le lecteur aux pages 90 et 91 du tome III de l'*Histoire de dix ans*, où se trouve l'assertion si explicite que, sous la dénomination unique de concurrence, la lutte industrielle n'est, dans les trois cas, qu'un même fait, se caractérisant par le principe radicalement faux du *laissez-faire*, auquel il faut imputer presque toutes les calamités sociales, pour lui remettre le soin de conclure tout ce qui me donne raison contre M. Louis Blanc, aussi bien dans la critique qu'il fait du régime actuel de l'industrie que dans les réformes qu'il lui oppose ?

Il va de soi, en effet, qu'à des inconvénients imaginaires ou mal rattachés à leurs causes, il ne saurait opposer que des réformes inefficaces ou chimériques. Je ne crois pas inutile cependant d'examiner sommairement ce que valent en elles-mêmes les idées réformatrices de M. Louis Blanc.

Comme il le dit lui-même, ce n'est pas dans son Histoire qu'il a pu donner à ces idées le développement convenable, bien qu'il ait trop sou-

vent oublié peut-être la raison d'art qui l'en em-
pêchait. Dans l'*Histoire de dix ans*, il ne donne,
des remèdes qu'il propose contre la concurrence,
que les noms, les noms seulement. Il parle sans
cesse de l'*association* substituée à cette concurrence, de la *commandite du crédit de l'État* remplaçant la commandite du crédit individuel ; mais
ce n'est évidemment que pour renvoyer à l'idée
de l'atelier social, développée ailleurs que dans
son Histoire. L'atelier social, c'est l'État s'em-
parant de la production, la dirigeant et l'accom-
plissant. Je n'opposerai qu'une réflexion à l'idée
de l'atelier social, et sans sortir de la question
économique, malgré tout ce que j'aurais à prendre
d'objections dans la politique N'ayant qu'à ré-
former les abus de la liberté, elle supprime la
liberté ; destinée à mettre fin aux rivalités de prétentions que la concurrence développe dans l'industrie, elle maintient au capital, tout en devant
retrancher à la longue de la propriété le droit
essentiel de libre disposition, le droit, par le pré-
lèvement de l'*intérét*, de prendre part aux béné-
fices de la production concurremment avec le
travail ; et, découverte exclusivement contre la

11

concurrence dans l'État, elle laisserait la concurrence au dehors, de nation à nation ; ce qui,
sous peine d'abolir le commerce extérieur, laisserait forcément les machines avec toutes les
complications et tous les inconvénients d'avant.
Il est vrai que M. Louis Blanc dit qu'il y aurait à
faire des traités.

Je vois encore que, dans le chapitre de l'*Histoire
de dix ans* consacré à la discussion de la conversion
des rentes, car il n'est pas de matière si ardue à laquelle M. Louis Blanc n'ait voulu toucher, il se
préoccupe de la terrible question de rendre le capital dépendant du travail comme le travail l'est
du capital, et qu'il en indique pour solution la
fermeture de la Bourse ou la *suppression de la
rente publique*. Voilà qui me paraît aussi mal vu
que le reste, d'une vue aussi peu profonde ! Que
veut-il dire, quand il parle de rendre le capital
dépendant du travail ? S'il entend qu'en perdant
la faculté d'être productif de revenu en tant seulement que placé, que transformé en créance ou
rente, l'argent serait plus dépendant du travail
qu'à présent, il est étrangement dupe des mots
et des apparences. Se prête-t-il beaucoup d'ar-

gent aujourd'hui qui ne doive être employé à la production? S'en emprunte-t-il beaucoup sans la certitude d'un emploi lucratif à en faire? Qui donc consentirait à payer l'intérêt d'un capital autrement que pour le faire fructifier par le travail ? Il va sans dire qu'il ne faut pas s'occuper ici du cas de dissipation. Puisque donc le revenu du capital dépend de son placement, et que la possibilité de son placement ne se conçoit pas sans le travail, la suppression de la rente publique ne saurait se motiver par la nécessité d'imposer au capital une dépendance si bien établie par la nature des choses. Et s'il s'agit, dans un autre sens, d'enlever au capital cette indépendance, qu'il prend dans la certitude d'un lendemain, et dans la faculté de se donner contre le travail le bénéfice du temps, c'est la propriété qu'il faut supprimer, et non la rente publique. En quoi la suppression de la rente publique, en quoi la fermeture de la Bourse détruirait-elle cette indépendance du capital ? Est-ce qu'elle n'est pas inhérente à la nature même du capital, à cette qualité même de *puissance*, qui est l'essence de la richesse ; et comment faire, sans supprimer *richesse* et *pauvreté*, que le riche cesse d'être au-dessus des nécessités de la vie, et de pouvoir opposer au pauvre l'écrasant argument de la misère ?

Ah! sans doute, la suppression de la *rente*, en général, serait un grand bonheur, si elle était possible, mais savez-vous pourquoi ? Si elle devenait jamais possible, savez-vous ce que cela signifierait ? Cela signifierait que, par d'incessantes réductions, l'*intérêt* de l'argent en serait venu à disparaître, et qu'il y aurait de moins en conséquence, dans le prix de tous les produits, ce qui représente actuellement l'*intérêt* du capital dans la production; et ce jour-là, il n'y aurait de supprimé que l'indépendance des rentiers, et non l'indépendance du capital; et ce jour-là, les rentiers exceptés, qui perdraient la faculté de vivre commodément sans rien faire et ne perdraient que cela, tout le monde gagnerait quelque chose. Ce serait comme une énorme diminution d'impôts, comme une diminution de plusieurs centaines de millions, et certes le résultat vaut d'être ardemment désiré. Je ne sache pas de plus grand but pour un gouvernement démocratique, que cette réduction continuelle de l'*intérêt* de l'argent, par le développement continuel de la richesse et du crédit publics. Mais il ne faut attendre cela que d'une tradition et d'une perpétuité dans le gouvernement, dont je doute fort que puissent jamais tenir lieu les plus belles conceptions financières de M. Louis Blanc, et les plus fortes combinaisons politiques de son école.

Quant à ce qui est la part de la propriété dans les complications de la lutte industrielle, M. Louis Blanc, qui n'avait pas même su réduire la question à ses termes précis, ne pouvait guère là-dessus imaginer rien de positif. D'ailleurs, c'est autrement compromettant de crier contre la propriété que de crier contre la concurrence. Sur ce point délicat, il ne s'est donc prononcé que très-vaguement. S'il n'est pas pour la propriété, il n'est pas explicitement contre, et j'avoue que je n'aimerais à discuter la question qu'avec un réformateur plus sérieux que lui.

Je dois pourtant une mention à ce mode de répartition qu'il indique dans une de ces notes au bas de la page, qu'il affectionne pour lancer ses idées les plus importantes.

C'est la rétribution *selon les besoins*, qu'il oppose,

au bas de la page 110 du tome III, à la rétribution saint-simonienne, *selon la capacité et les œuvres.* D'après ce système, les facultés d'un homme ne seraient que l'indication de ce qu'il doit à la société, et ses besoins, l'indication de ce que la société lui doit; et il ne lui serait plus réservé d'établir lui-même, en vertu de sa liberté, la connexité entre la direction de ses facultés et la satisfaction des besoins qu'il se connaîtrait. Cette idée que je me rappelle avoir vue déjà, tout aussi vague du reste, dans un article de M. Pierre Leroux, adressé aux politiques ou aux philosophes, il y a deux ou trois ans, dans la *Revue indépendante,* me paraît plus aventureuse que les plus aventureuses. M. Louis Blanc n'en parle qu'en quelques lignes, et pour distinguer entre les besoins moraux et les besoins physiques. Mais ce ne serait que le commencement de la chose. Il faudrait bien qu'il en vînt comme Socrate, dans la *République* de Platon, pour se moquer du démocrate, à distinguer en besoins nécessaires et en besoins superflus; en besoins de ce qui est bon, de ce qui est délicat.... de ce qui est agréable.... de ce qui est rafraîchissant.... de ce qui est fatigant.... en besoins d'exercice, en besoins de distraction.... Mais j'oublie que presque tous ces besoins sont factices et d'une société corrompue, de ceux que M. Louis Blanc suppose ne devoir plus se produire dans une société bien réglée. Nous aurons alors une liste des besoins admissibles et inadmissibles à faire honneur au plus raffiné des casuistes. Je serai curieux de voir cette liste de M. Louis Blanc.   .

Est-il nécessaire d'en dire davantage pour montrer que les idées sociales de M. Louis Blanc sont ce qu'il y a de plus superficiel dans son Histoire? Mais tout y est donc superficiel ? Son témoignage historique manque d'autorité ; sa narration manque du mérite indispensable, de la condition première de toute narration historique ; ses idées politiques sont contradictoires ou manquent de toute consistance , et ses idées sociales valent encore moins que ses idées politiques : tel est effectivement le résumé de notre critique ; et comme il a fallu que Tacite refît les histoires contemporaines des règnes de Tibère et de ses premiers successeurs, il faudra quelque jours refaire entièrement l'Histoire de M. Louis Blanc, fausse par les mêmes raisons, et vicieuse par des raisons qui lui sont propres.

Et maintenant ne sommes-nous pas en droit, comme conséquence et conclusion de tous les reproches que nous lui avons déjà faits, de lui adresser ce reproche plus grave que tous les autres, d'avoir, lui, ce grand partisan, ce promoteur de la démocratie, d'avoir par cette précipitation à trancher de l'historien, fait une chose souverainement contraire à l'esprit démocratique ? Ne sommes-nous pas en droit de lui dire que ce n'est pas quand de si grandes questions en effet sont à examiner sur la condition des classes populaires, à méditer profondément, à éclairer des plus patientes observations, à ne résoudre qu'avec la dernière réserve, de ces questions qui impliquent tout l'ordre social, et dont la discussion seule est un danger, qu'il devait faire consister le meilleur emploi d'un remarquable esprit à en indiquer emphatiquement des solutions irréfléchies, dans l'histoire si légèrement entreprise, si impossible à limiter, d'un règne qui n'est pas encore fini ? Non, ce n'est point là de l'ambition démocratique, dans l'honnête et bonne acception du mot, et c'est sincèrement que je regrette que M. Louis Blanc ait voulu cueillir si vite les fruits de son talent, qu'il ait eu cette présomptueuse impatience à faire parler de lui, qu'il ait ainsi laissé paraître cet immense besoin de l'attention publique. A bien y regarder, cette cupidité de la renommée est aussi mauvaise que la cupidité de l'argent, aussi condamnable que la soif des distinctions aristocratiques; elle ne vient pas d'une autre source; et si la cause du grand nombre s'accommode volontiers dans ses défenseurs d'une certaine fierté, tout ce qui vient seulement de leur vanité la déconsidère et la compromet.

Encore une fois, nous aussi, nous aimons la démocratie plus que toute chose; mais nous sommes d'une école qui met en première ligne, parmi les qualités démocratiques, une ambition dédaigneuse des entreprises hâtives ou impuissantes, et la patience dans une laborieuse obscurité.

FIN.